1年目からうまくいく！
セミナー講師超入門

大岩俊之

実務教育出版

はじめに

誰かの人生を変えるお手伝いをする。

それが、セミナー講師の仕事です。

就職や転職、起業、結婚など、人生に大きな変化を起こすきっかけになるものから、日常生活や仕事に起こす小さな変化まで。

「人生」というと大げさに感じるかもしれませんが、小さなことの積み重ねで人生はいつの間にか大きく変化します。


セミナーに参加する人は、大なり小なり「何かを変えたい人」だと、私は思っています。

この情報過多の時代。流通する情報量は、1日で江戸時代260年分だとも言われています。これだけ膨大な情報が飛び交う中、欲しい情報はインターネットや本など調べるツールがたくさんあります。

それなのに、わざわざセミナー会場まで移動して、2時間セミナーなら2時間、自分自身を拘束してまで、参加者は「何か」を求めてやってくるのです。

私は、その「何か」は「変化」だと感じるのです。

参加者の中には「ひまつぶしに」とセミナーに来る人もいるでしょう。

それでも私は、そんな人も自分ではまだ気がついていないだけで「変わりたい人」だと思うのです。

「成長したい人」と言い換えてもいいかもしれません。


就活セミナーに通うことで、いい会社に入れる。

起業セミナーに通い、独立を決意する。

読書セミナーに通うことで、本の読み方が変わる。

営業セミナーに通うことで、顧客との関係性が良くなる。

話し方セミナーに通うことで、人と話すのが楽しくなる。

エクセルセミナーに通うことで、仕事が早くなる。

ダイエットセミナーに通うことで、健康的な毎日が送れる。


大きなことから小さなことまで、人が変化するのを手助けできる仕事。

変わりたい人たちの背中を押す仕事。

それが、セミナー講師の仕事です。

ライブでしか伝わらないもの

セミナーと同じように、人生を変える力を持つものに「本」があります。

私は、本を読むのが大好きです。

ある本で見つけた「成功者はみな読書家」の言葉が、私の人生を変える起点となりました。本をたくさん読むことで、私の人生は大きく変わりました。

しかし、本は購入しても「いつか読もう」と〝積《つ》ん読《どく》本〟になってしまう可能性があります。

人は、誘惑に弱い生き物です。

「今度、○○について調べたい／勉強したい」などと考えていても、「今日は、仕事で疲れた」「誘いがあったから飲みに行こう」となかなか行動に移すことができません。

けれども、セミナーは、セミナー当日に会場へ行きさえすれば、何かしらの「学び」を必ず持って帰ることができます。

それがセミナーと本との大きな違いです。

参加者は、セミナーに申し込むことで、何かを学んだり考えたりする時間を持つことを、自分と約束するのかもしれません。


セミナーには、ライブならではのパワーがあります。

講師が発する「生の言葉」を直接聞くのと、活字にされたものを読むのとでは、伝わってくる〝熱量〟がまったく違います。

伝えられる情報量だけでいえば、本のほうが圧倒的に上です。

これから本書で伝えることをセミナーで伝えるなら、2時間セミナーで最低20回は必要です。そう考えると、本というものは本当にお得です。


それでも、仮に2時間20回のセミナーを受講いただいたとしても、本を読んだときとは違う満足感を得られるはずです。

セミナーには、セミナーならではの、本とは違う魅力があるからです。

ライブでしか伝わらないもの。

それは、「迫力」かもしれません。
それは、「熱量」かもしれません。
それは、「自分を拘束する時間」かもしれません。
それは、「人との出会い」かもしれません。

モノ余りの現代では、物欲や所有欲が少なく、「体験」にお金を払う時代だと言われます。

音楽市場でＣＤの総売り上げは右肩下がりでも、コンサートなどのライブによる興行収入は右肩上がりです。

「体験」に求めるもの、得られるものは人それぞれ。でも、「そこでしか得られないもの」が確かにあるのです。

「講師力」がビジネスに必要な時代

セミナー講師に必要とされる「講師力」は、あらゆるビジネスにおいて求められる能力です。

講師力とは、

「自分の経験を客観的に分析する力」

「論理的でわかりやすい話を組み立てる力」

「相手を引きつけ飽きさせない話力」

「言葉で相手に行動を促す力」

「集客力」

これら、すべてをひっくるめた総合力です。

伝えようとする相手が何をわからないのか、何を知りたいのかを考えながら、相手に伝わるコミュニケーションを行なえる。

人前に立ち、目の前にいる人々を飽きさせず、わかりやすく話を伝えることができる。

これだけでも、大きな武器になります。


誰かに仕事を教えたい、プレゼンテーションがうまくなりたい、商品を購入してほしい、契約をしてほしい、説得したい、協力してもらいたい、そんなときに講師力は、とても役立つスキルです。

むしろ、講師力がないと成り立たないビジネスのほうが多いはずです。

企業経営者はもちろん、部下を持つすべてのビジネスパーソンから、対外折衝の多い営業や広報、人事などです。最近増えているフリーランスの人も、講師力の有無は売り上げを大きく左右するでしょう。

新規開拓営業が必要となるビジネスでは、飛び込み営業やテレアポ、チラシのポスティングなど、効率の悪い営業手法に頼るのは、もはや時代遅れです。

それよりも、あなたのビジネスに興味を持った人が、自ら参加したくなるようなセミナーを開催しましょう。

セミナー参加者が契約に至るクロージング率は、飛び込み営業やテレアポ営業の比ではありません。

「講師力」で人生の可能性が広がる

講師力とは、「たったひとつ、これを知っておけばうまくなる」というたぐいのものではありません。

ちょっとした〝コツ〟や〝ノウハウ〟の積み重ねです。一つひとつは小さなことでも、積み重なると集客人数や、参加者の満足度が大きく変わります。

講師力は、ただ、がむしゃらに何度も開催しているうちに、いつの間にかうまくなるというものでもありません。

やり方を知らずに、がむしゃらにやるのは、非効率な〝スポ根《こん》〟のようなものです。いまや学校の部活動にも、効率よく練習するためのさまざまなロジックが取り入れられている時代です。非効率で無駄な時間を過ごすのは、もったいないです。

何を隠そう、私自身、講師デビューしてからの数年間、このコツやノウハウがわからず、本当に苦労しました。

会社員と兼業しながら開催していた最初の数回は順調な滑りだしだったものの、独立してからはすぐに集客できなくなってしまいました。

「参加者ゼロ人」だったことも、何度もありました。

それでも、あきらめずに人気講師のセミナーを見に行き話を聞いて、自分のセミナーとは何が違うのかを考えました。自分のセミナー風景をビデオに録画して、何度も何度も試行錯誤を重ねながら、少しずつ成功法則を積み上げてきたのです。

すると、徐々に有名企業の講演やセミナーに講師として招かれる機会が増え、商工会議所や各種団体の講演にもお声がけいただくようになり、いまでは年間150回以上登壇しています。

収入は会社員時代の倍以上になり、「人気講師」と呼ばれるようになりました。

それでも、おそらく人気講師と名のつく人の中で、私ほど話し下手で、たくさんの失敗をしてきた人はいないのではないか、という変な自信はあります。

できないこと、わからないことが多くて、誰よりもたくさん失敗してきたからこそ、なぜ成功できたかがわかるのです。

うまくできなくて悩んでいる人が、なぜできないのかも、だんだん手に取るようにわかるようになってきました。

この本は、たくさんの失敗を繰り返してきた私が、「こうすればうまくいく」という、成功法則をすべて公開した一冊です。

セミナー講師は「誰よりも成長できる」

セミナー講師の仕事は、誰よりも深く学び続けることが求められます。

もし、あなたが自分のことを「勉強好き」だと思うなら、セミナー講師の仕事は本当におすすめです。

何か身につけたい知識があったとき、ただ漠然と勉強するのと、人に教えるために深く理解しながら勉強するのとでは、身につく速さと深さがまったく違います。

セミナー講師は、勉強し続けなければ成り立たない職業ですから、学び続けなければいけない職業でもあります。

学んだこと、経験したことが、すべて実益につながる仕事だといっても過言ではありません。

後述しますが、私はセミナー講師になることをまったく考えていなかった会社員時代から、キャリアカウンセラー、社会保険労務士、ファイナンシャルプランナーなど、資格を取得するためにさまざまなスクールに通いました。

しかし、漠然と「いつか独立をしたい」と考えて勉強しているだけでは、なかなか身につかなかったり、根気が続かず途中であきらめたりしていました。

それがセミナー講師となり、「今度は、このテーマでセミナーをやりたい」と思って勉強を始めると、勉強がまったく苦痛にならないのです。

自分の理解が浅いと、ちゃんと人に伝えることはできないので、深く勉強するようにもなりました。「なんとなくわかったつもり」で終わらせられないのです。

一度始めた勉強を途中で投げ出すようなこともなくなりました。

会社員時代も人より勉強しているほうだと自負していましたが、セミナー講師はその比ではありません。

15年間の会社員生活よりも、セミナー講師を始めてからの7年間のほうが、何倍もの勉強ができていると感じます。

勉強好き、知的好奇心の高い人にとって、これほど向いている職業はないのではないでしょうか。

誰でもセミナー講師になれる

本書を手に取った人の中には、もしかしたら「セミナー講師の仕事に興味はあるけれど、人に教えられるような知識や経験はない」という人もいるかもしれません。

ですが、断言させてください。

どんな人でも必ず、あなただけができるオリジナルセミナーがあります。勉強好きの人ならなおさらです。

あなたならではのオリジナルセミナーは、あなたが誰かに伝えなければ世に出ることはありません。

誰かの役に立ち、誰かの人生を変え、誰かを救うかもしれない貴重な経験、知識が、そのまま埋もれていくだけです。

自分の経験や知識が人の役に立ち、感謝され、お金をもらえる。

何度も転職を繰り返した私ですが、これほどやりがいのある仕事をほかに知りません。

話し下手な人の中に、可能性を秘めた人がいる

本書を手に取った人の中には、セミナー講師の仕事に興味があっても、「話し下手だから私には難しい」と考えている人もいるかもしれません。

実のところ、私自身、そう考えていました。

ですが、セミナー講師に必要なのは「話術」ではありません。

アナウンサーのように、流暢に話せなくていい。滑舌《かつぜつ》に気をつけて、ゆっくり大きな声

で話す。これだけでまずは合格です。

話し上手かどうかよりも、講師には求められている力がたくさんあります。

どんなテーマを選び、誰に伝えるかを徹底的に考え抜くこと。

論理的で説得力のある話を組み立てること。

セミナー当日、参加者が学びやすい「場づくり」の工夫をすること。

これらのポイントは、やり方や考え方さえ知っていれば、事前にしっかり準備ができます。

話し上手な人が我流で挑むセミナーより、話し下手の人が本書にのっとってしっかり準備をしたセミナーのほうが、絶対に参加者に役立つセミナーになるでしょう。

セミナー講師には、ほかにも会場選びの視点や、ファンの増やし方、集客方法の知識が必要です。

「人に伝えたいこと」があって、セミナー講師になった人でも、開催ノウハウが我流のままでは、すぐに消えていきます。

実際、出ては消えてゆくセミナー講師をたくさん見てきました。

本書は私が7年間、さまざまな失敗を重ね、たどり着いたセミナー開催の成功法則を、ぎゅっと1冊にまとめたものです。

講師経験がない人でも、どんなに話し下手な人でも、本書の順番通りに準備して本番当日の進行を行なえば、参加者にちゃんと満足してもらえる。そのためのノウハウをすべて公開しました。


セミナー講師を本業として独立している人。

セミナーを開催してみたい人。

勉強会の開催などを通じて、人と人のつながりを広げたい人。

コンサルタントや各種士業、カウンセリング、コーチングなど、本業の集客にセミナーを生かしたい人。

セミナー終了後のアンケートに「大変良かった」をつけてもらいたい人。

自分の経験や学んだ知識を、「ノウハウ」に落とし込んで世に広めたい人。

「ちょっとそれ詳しく教えてよ」とセミナーに登壇することになった人。

企業内研修で、講師を頼まれた人。

プレゼンテーションの技術を高めたい人。

相手を成長させることが好きな人。

誰かの役に立ちたい人。

そんな人たちに手に取ってもらえたら幸いです。

講師業の魅力に気づき、講師の仕事にチャレンジする人が一人でも増えてくれたら、著者としてこれほどうれしいことはありません。

目次

編集協力／玉寄麻衣
装幀・本文フォーマット／吉村朋子
ＤＴＰ・図版／鈴木まさみ

第1章

あなただから教えられることがある

あなただけができるオリジナルセミナー

セミナー講師に「ライセンス」は不要

セミナー講師を目指す人の中には、「まずは、○○を教えるためにライセンス／資格を取得しよう！」とスクール通いをする人がいます。

私も、これまでたくさんのスクールや資格講座に通いました。

マインドマップインストラクター、フォトリーディングなどの速読法、健康法の「レイキ」、アクティブブレイン認定講師、コーチングを教えるGCS認定講師養成、NLP、LABプロファイル、ボイストレーニング、社会保険労務士、産業カウンセラー、ファイナンシャルプランナー、キャリアカウンセラーなどなど。

独立・起業に向けて、専属のパーソナルコーチングも受けました。

これらのプログラムは、「誰かに教えられるレベル」まで本格的に勉強しようとすると、数十万円かかるものがほとんどです。時間も数カ月から数年を要します。

私は20代から30代にかけて、かなりのお金と時間をこれらの学びに費やしてきました。**投資してきた額は、数百万円**を下りません。

情けない話ですが、手を出したもののうち、お金や根気が続かず途中で挫折したものもあります。「これを身につければ、独立できるかもしれない」と、自分がそれほど好きでも得意でもない領域にも手を出してきたので、当然の結果です。

講師業を始めたため、これまで投資してきた金額は回収ができています。幅広いテーマを勉強していたおかげで、講師として活躍する幅が広がったのも事実です。

しかし、ある日、大切なことに気がつきました。

これからセミナー講師を目指す人間にとって、こういった**誰かが用意したプログラムの「ライセンス」や「資格」は、実は不要**なのです。

必要なのは「オリジナルコンテンツ」

セミナー講師に必要なもの。

それは、あなたならではのオリジナルのテーマ、ノウハウを集約した「オリジナルコンテンツ」です。

オリジナルでないセミナーでは、集客が非常に難しくなります。

あなたが「記憶術」をマスターしたとしましょう。覚えたての知識でセミナーを開催しようとしても「初めて記憶術を教えるビギナー講師」よりも、「過去2000人に記憶術を教えた実績のあるベテラン講師」のほうが、当然人気は高くなります。

ライセンスありきのセミナーは、競合が非常に激しいのです。

習ったばかりのノウハウを人に伝えるだけでは、セミナーの説得力も弱くなります。最初の1、2回は友人や知人らのつてをたどり集客できたとしても、すぐに先細りになります。

講師になるために何かのライセンスを取得するのは、わざわざ高額なお金を払って、集客が難しく険しい道に迷い込むようなものです。

さまざまなスクールやセミナーに通った私が、最初に開いた講座は、速読法と記憶術を結びつけた「読書法」のセミナーでした。

ほかにも初期に人気だったのは、会社員時代の経験に基づく「営業ノウハウ」のセミナーです。どちらも私の経験に基づくオリジナルのセミナーでした。

ライセンスや資格そのものを否定するわけではありません。

セミナー講師として生きていくために、さまざまなセミナーやスクールに通い、**知識を増やし続けることは絶対に必要**です。勉強はどんどんしてください。

ですが、セミナー講師を始めるときに何よりも大切なのは、資格やライセンスではなく、あなたの「経験」なのです。

セミナーの「説得力」は何で決まる？

なぜ「経験」が、大切なのか。

講師自身の「経験」による裏付けがないセミナーでは、説得力がないからです。

セミナーを初めて開催する人が、「人気セミナー講師になるには」とセミナーを開催しても、まるで説得力がありません。

出版に携わったことのない人が、「ベストセラー作家になる方法」などを開催しても、誰も興味を持たないでしょう。


私が、「これから講師を目指す人にライセンスは不要」と言うのも、そのためです。勉強したばかりのコーチングや、カラーセラピー、個人カウンセラーなど、誰かに教えるためのライセンスを取得しただけで、セミナーを開催する場合には、どうしても「経験」の部分が弱いのです。


では、自分の「経験」をどうコンテンツにしていくか。

さまざまな視点がありますので、次ページ以降で一つずつ紹介します。

特に、テーマがまだぼんやりしている人や、いま勉強している領域でセミナーを開催したい人は、**各項目をそれぞれたくさん書き出してください**。

書き出したものの中に、「あなただけのオリジナルセミナー」を作り上げるヒントが隠れています。

自分の経験・スキルの「たな卸し」

会社勤めはネタの宝庫

あなたが**会社（組織）勤めをしているなら、そこで得た知識と経験は宝の山**です。民間企業、官公庁、各種団体など、業界ならではの慣習、仕事を通じて身につけたこと、上司と部下の関係構築、コミュニケーション術など、**さまざまなことがセミナーのテーマになりえます**。

会社勤めをしていると、周囲に同じようなことをできる人、知っている人がたくさんいますから、それが「自分だけのオリジナルの強み」だと気がつきにくいかもしれません。

ですが、組織から一歩外に出れば、「知りたい」と思う人がたくさんいるテーマになることがよくあります。

わかりやすいのは、たとえば、銀行の融資担当者だった人が開催する「元・銀行マンが教える融資を受けやすくなる決算書作成のコツ」や、国税局に勤めていた人が開催する「元・国税局員が教える節税ノウハウ」といったセミナーです。

融資を受けたい人も節税したい人も常に一定数存在する分野ですから、人気セミナーになるでしょう。

業界ならではの慣習も、外から見れば「目からウロコ」のことがあります。

いまでこそトヨタのカンバン方式は、必要なものを必要なときに必要なだけ調達する優れた生産管理方式として有名ですが、「中にいた人たち」からすれば、一般的な商習慣でした。

類似ケースで言えば、「7分間の奇跡」と称賛されるJR東日本テクノハートTESSEIの新幹線の掃除ノウハウは、いまではハーバード大学経営大学院のMBA（経営学修士）で、ケーススタディとして取り上げられています。

「自分の職場や業界では当たり前のやり方」であっても、よくよく見直すと、実は多くの人に役立つノウハウがあるかもしれません。

これまでに経験した仕事を詳しく振り返る

営業やエンジニア、人材採用、人材育成、広報、PR、法務、経理、秘書、事務などの職務スキルも後述する「伝える相手」を考えることで、セミナーテーマとして十分成り立ちます。

「元○○のトップセールスが教える△△」や、「元○○の人事担当者が教える最高のチームの作り方」などは、セミナーの王道です。

メジャーな経験が、必ずしもいいわけではありません。

後述しますが、私の場合、営業経験の中でも「法人営業・有形商材」の経験が重宝されています。特に地元の愛知県では、そこに「トヨタ系列」で働いた経験が大きなプラスになります。

どんな業界で、誰を相手に、何をする仕事なのか、どんなスキルが身についているか、できるだけ客観的に細かく書き出してみてください。

マネジメントの経験が長ければ、部下の人材育成についてどんな工夫をしてきたか書き出してみてください。

マネジメント経験がない人なら、部下目線で見る「理想の上司」を語ることができるかもしれません。

会社勤めの経験は、本当に貴重です。

経験がなければ、そもそも会社員の「そうそう、そういうことに困っているんです」と共感できる悩みに気づくこともありません。

いま、会社勤めをしている人は、身の回りの「業界あるあるネタ」「職種ならではのちょっとした気遣い・工夫」「ほかの職種の人は知らなくて損していること」「上司と部下の関係」など、気がついたことはどんどんメモにストックしましょう。

ネタの宝庫になります。

私も独立してから「ああ、あのときのことをもっとメモに取っておけばよかった」と後悔しているほどです。

「成功体験」と「失敗体験」を書き出す

あなたの人生の**「成功体験」**と呼べるものを書き出してみましょう。

成功した体験は、そのままセミナーのテーマにできる可能性があります。

「なぜ成功できたのか」「成功できていない人とは、何が違ったのか」を徹底的に掘り下げてください。そのノウハウを**第三者が再現できるレベルにまで掘り下げて分析**してください。

「失敗体験」も、とても貴重です。

過去にこんなことでつまずいた、大きな失敗をした、ということをどんどん書き出してください。

成功体験と同様に、なぜ失敗したのか、失敗をどう乗り越えてたか、その過程を掘り下げて分析することで、一つのテーマになりえます。

「一度も失敗することなく、成功し続けている人」の話を聞いても、参加者は「すごい」とは思ってくれても、あまり共感はしてくれません。下手をすれば、自分には無理だと心が離れてしまいます。

成功体験の中に、失敗体験を入れることで、より参加者の共感を呼べるテーマになるのです。

自分以外の第三者の「成功体験」「失敗体験」の中にも、貴重なネタが隠れていることもあります。

「○○さんの、あの成功／失敗を見たから、自分はこうした」などのエピソードがあれば、それも書き出しておきましょう。

「好きなこと」を書き出す

あなたの**「好きなこと」**をたくさん書き出してください。

「セミナーのテーマになるもの」と限定して書く必要はありません。**趣味でも何でも構いません**。思いつく限りたくさん書き出してください。

セミナーを開催するには、テーマに設定することに関して、さまざまなリサーチを行ない、関連事項をたくさん調べ、シナリオを書きあげるなど、寝ても覚めてもテーマについて考え続ける時間が必要になってきます。

「好きなこと」をテーマにできれば、この準備時間はそれほどつらくありません。

好きなことを話しているときは、自然と表情がイキイキします。

参加者にあなたの「好き」が伝わり、想いが伝わりやすいセミナーになります。

「できること」「得意なこと」を書き出す

あなたが「できること」「得意なこと」をたくさん書き出してください。

その中に、テーマになるものが隠れています。

平日、休日それぞれ朝起きてから夜寝るまでの行動を思い出しながら、思いつく限り書き出してください。

書き出すときには、「どれぐらいできるか」のレベル感も書き出します。

たとえば、パソコンスキルに関しては、「ワード、エクセル、パワーポイントができる」などではなく、ワードならワードのどの機能が使えて、どういった資料作りが可能なのか、**できるだけ具体的に**書き出してください。

「嫌いなこと」を書き出す

「嫌いなこと」も、思いつく限り書き出してください。

自分がどんなことを嫌いなのか、把握しておくことはとても重要です。

「できる・できない」「得意・不得意」は関係ありません。

「これをやっているときはすごく嫌な気分になる」「できるけど嫌い」ということを、しっかり把握しておきましょう。

嫌いなことをやろうとするとき、人は余計にエネルギーを消耗します。

「儲かりそうだから」「流行っているから」という理由で、「嫌いなこと」をテーマにするのは間違いです。

「お金や時間をたくさん費やしたこと」を書き出す

これまで、あなたは何にいちばんお金を使ってきましたか？

日常的によく出費すること、過去に大きな出費をしたことを思いつく限り、書き出してみてください。**自分が何に興味を持っていたのか**がわかります。

時間も同様です。

日々の生活や休日、あなたは何にいちばん時間を使ってきましたか？

人生を振り返り、どんなことに時間をたくさん費やしてきたか、思い出してみてください。

過去、あなたが何に興味があって、何が好きだったかがわかります。

3人以上に「教えて」と頼まれたことを書き出す

「今度、○○について教えてくれない？」と誰かに頼まれたことはありませんか？

後述しますが、セミナーのテーマを決めるときには、「ターゲットを誰に設定するか」「ターゲットが知りたいことか」を考えることがとても重要です。

すでに3人以上に「教えて」と頼まれたことがあれば、それは**「ターゲットが明らかで需要もあるテーマ」**の可能性が高いです。

「何も準備しなくても1時間話ができそうなこと」を書き出す

特に好きだと認識もしていないし、誰かに聞かれたこともないけれど、「○○についてなら1時間ぐらいは話せる」というものは何かありませんか?

自分の本棚を眺めたり、その日の新聞を眺めたりする中で、「これについてなら話せる」というものを探してみてください。

「ナンバーワン」か「オンリーワン」を探す

書き出したものの中に、「ナンバーワン」の実績があるものや、あなただけの「オンリーワン」にできるテーマがないか探してみましょう。

「一番」という言葉には、強いパワーがあります。

「日本でいちばん高い山は?」と聞かれたら、小学生でも富士山だと答えてくれます。では、「日本で2番目に高い山は?」と聞かれたら、はたして何人の人が答えられるでしょうか。

答えは、山梨県の「北岳」ですが、登山好きでもなければ「名前すら聞いたことがない」という人も多いのではないでしょうか。

「一番」には、それだけの価値があるのです。

たとえば営業職でしたら、「営業成績・全社員中1位」のような実績があればベストですが、もっと小さなことでも構いません。

全社員中1位でなくても、営業所1位でもいいのです。営業所が3名しかいなくても、1位には変わりありません。あるいは、担当業界で絞ってみましょう。パチンコ業界で1位、音響・映像機器業界で1位、などです。

売上1位になれなくても、利益1位、新規開拓件数1位もあります。

「これだけは誰にも負けない」といえるものを探してみましょう。

ナンバーワンの領域で競合が多い場合や、セミナーテーマに結びつけにくい場合、あなただけの「オンリーワン」を探してみましょう。

たとえば、私が実施している営業パーソン向けの各種セミナーにはたくさんの競合講師がいます。

Ｇｏｏｇｌｅで検索すると「営業コンサルタント」「営業研修講師」と名乗る人はたくさんいます。そこで、私は、「営業」からテーマを絞り「法人営業」としました。

営業には法人向けと個人向けがあり、私の経験した営業は法人営業がメインです。「法人営業コンサルタント」「法人営業研修講師」とするだけでも、だいぶ絞られます。

さらに法人営業も大きなくくりで分けると無形の「サービス」を売る営業と、有形の「モノ」を売る営業に分かれます。

この「モノ」を売る営業の中でも、さらに「完成品」を売るのか、部品などのいわゆる「生産材」を扱うのかによって、営業ノウハウは違ってきます。

私は、特にこの生産材を扱う営業経験が長かったことから、**「製造業専門・法人営業セミナー」**を開催しています。

かなりテーマを絞ったやり方ですが、私の本拠地である愛知県はトヨタ関連の会社が多い製造業の街です。このテーマを打ち出してから、**地元の専門商社や製造業の企業からの依頼が一気に増えました。**

最近では、類似セミナーを見かけるようになりましたが、私が始めたときには、類似セミナーはほとんど見かけませんでした。

講師業界では、「個人向け営業のトップセールス」をうたう人が、たくさんいらっしゃいます。法人向け営業では、人材紹介や人材派遣、教育業、広告関連など、無形のサービスを扱っていた人が多かったのです。

オンリーワンとまでは行かずとも、こうした**ニッチなテーマに絞ることで、逆に集客の面では有利に働く**こともあります。

市場全体を見渡し、競合相手が多そうな領域であれば、テーマを絞れないか考えてみましょう。

組み合わせると強さが出る

一つひとつの能力はそれほど際立つものでなくても、**2つ以上を組み合わせることで力を発揮する**セミナーがあります。

書き出したスキルが「平凡」「競合がたくさんいる」と思う人は、書き出したものをいくつか組み合わせてみましょう。

たとえば、私は最近、個性心理学とマインドマップを組み合わせた講座を開催しています。個性心理学の概念を、マインドマップを使ってわかりやすく説明していきながら、ついでにマインドマップの書き方も勉強してもらえるセミナーで、好評です。

ほかの講師の例だと婚活サポートセミナーを行なっていた方が、ご自身が元「オタク」であることを生かして開催した、「オタク専門婚活支援セミナー」は大反響を呼んでいました。

セミナーではありませんが、マインドマップを勉強した塾講師の方が、子供向けにマインドマップを活用した講義を開催し、こちらも大人気になっています。

どれも一つひとつのスキルは、決して際立つものではありませんが、組み合わせることによって、一気にオリジナリティが高まるのです。

あなたが書き出したものの中にも、組み合わせることで強さが出るものがあるかもしれません。何か面白いものがないか、とことん考えてみましょう。

「好き」×「できる」×「需要がある」

3つ重なったところがベスト

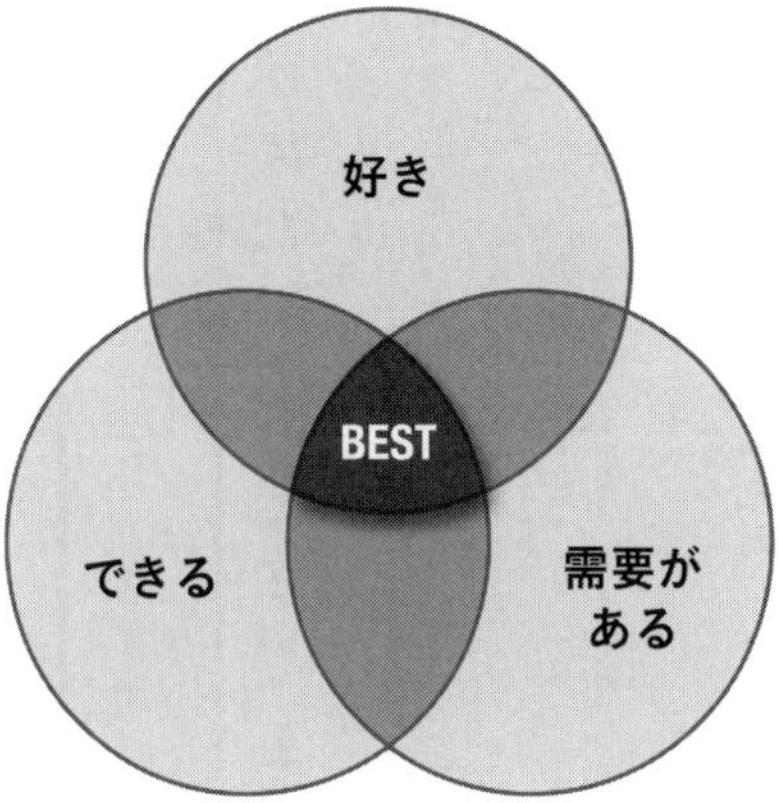

書き出したものの中から、**「好き」「できる」「需要がある」の3つが重なったところに、セミナーテーマを設定できればベスト**です。

ただ「好き」なだけでなく、それがちゃんと「できる」。さらに、人からも「需要がある」。

そういうテーマを探します。

では、「需要」はどうやって見つけるのか。

それには、まず「誰が知りたいと思うことなのか」をしっかり考えなければいけません。

それが次の大きなテーマ、**「ターゲット」**です。

「ターゲット」を考える

「伝えたいこと」より「参加者が知りたいこと」

ここまで、「あなたが何を伝えることができるか」を中心に、セミナーを考える方法を紹介してきました。

ですが、この「できること」「伝えたいこと」を軸にセミナーを開催すると、大失敗する可能性があります。

セミナーでいちばん大切にしなければいけないのは、「参加者が知りたいこと」です。

あなたが「伝えたいこと」は、実は二の次なのです。

私の元へ「セミナーをやりたい」と相談しにくる人の多くは、「世の中に伝えたいことがあるのです！」と言います。

この「伝えたいこと」が先走りすぎて、失敗している人をたくさん見てきました。誰が知りたいことなのか、ターゲットを考えずに、ただ「自分が伝えたいこと」を一生懸命に伝えようとしているのです。

こんなことがありました。

コーチングを受けたことがきっかけで、そのメソッドの魅力にひかれ、コーチングを本格的に学んだ女性がいました。仮にAさんとしましょう。

Aさんは、「コーチングの理論を広めて、コーチングの魅力に気づく人を増やしたい！」とセミナーを開催することに。

ところが、セミナーは不人気で、ほとんど集客することができません。当然、Aさんのパーソナルコーチングに通う人も現れませんでした。

Aさんは、自分が面白いと思ったコーチングの「理論」を広めようとしたのです。

ですが、多くの人が興味を持つのは、「コーチングによって、自分がどう幸せになれるのか／成功できるのか」です。理論や理屈は、どうでもいいのです。

「自分が学んだことを誰かに教えたい」とセミナー講師を目指す人は、この「参加者が知りたいこと」をおろそかにする傾向があるので気をつけてください。

大切なのは、「参加者が知りたいこと」に応えることであり、**「参加者が困っていること」を解決する**ことなのです。

誰に伝えるか「ターゲット」を考える

オリジナルセミナーを開催するときに最も大切なこと。それは、そのセミナーを「誰に届けるか」を徹底的に考え抜くことです。

つまり、**「ターゲット」を考える**のです。

セミナーテーマは、誰をターゲットにするかによって、内容が変わります。

「誰が知りたいと思うか」「誰の役に立つか」「どんな人が喜んでくれるか」を考えながら、31～36ページであなたが書き出したものを眺めてください。

セミナーは、「自分より知識や経験が浅い人」に向けて開催するのが鉄則です。

その中でターゲットを考えるとき、大きく2つの視点があります。

一つは、**「同業種・同職種の中で、自分より知識・経験が浅い人」**に向けて考えるパターンです。

これまで、何かしらの実績に特に秀でている人や、誰かに請われてセミナーに登壇する人は、前者のパターンで考えて大丈夫なはずです。

たとえば、「ナンバーワン営業マンが教える、必ずＹＥＳと言わせる成約術」のようなセミナーです。

「そこまでの経験や実績はない」という方でも、「新人営業マンに必要な10のビジネスマナー」のようなテーマだといかがですか？

さらに絞って、「新社会人が覚えておきたい電話の取り次ぎ実践セミナー」という方法もあります。

いまの10代、20代の人たちは、幼いころから携帯電話が普及しているため、家庭でも「電話を取り次ぐ」という経験をせずに社会に出てくる人が多いそうです。

「電話の取り次ぎが嫌で退職する新人たち」と、時折ニュースにも取り上げられるほど問題化しています。

ファクスの使い方や、郵便物の書き方を知らない人も同様に増えています。

あなたが新人だったころや初心者だったころに、できなかったことを思い返してみてください。「昔はできなかったけど、今はできること」が、きっと何かあるはずです。

どうしても同業種向けではインパクトが弱い、ターゲット顧客が少ない、もしくはもっとインパクトのあるセミナーを開催したいという人は、もう一つの視点、**「異業種・異職種の人」、つまり「属性がまったく違う人」を想定**してみましょう。

ターゲットの「属性」を考える

同業種や同職種の人々の中で、自分の「できること」を探していても、そもそも何が「できるか」が見つけにくいことがあります。

たとえば、「できること」の中に「日本語」と書いた人はいますか?

周囲にいる人たちが、みな当たり前にできていることは、それが特別なことだと思わずに、「できる」ことすら認識していない可能性があります。

「パソコンは、人に教えられるほど詳しくない」という人でも、「初めてパソコンを使う高齢者」を想定するならどうでしょうか。

パソコンの起動方法、インターネットの使い方、電源の切り方だけでも一つのセミナーになります。

一度自分とは「属性」が違う人々に目を向けてみましょう。

たとえば、中学生以降アメリカで暮らし、その後日本の外資系企業に勤めていたBさんは、自分が「英語ができる」ことを認識されていませんでした。

日本語と英語が堪能なBさんは、その後「カジュアル英会話とビジネス英語」などの切り口をテーマに、人気講師になっています。

子供向けに書道教室を開いていたCさんは、**ターゲットをビジネスパーソンに変えたことで、顧客単価も集客数もぐんと上がりました。**

オーケストラのウッドベースの演奏者Dさんは、よりターゲットを拡大できる初心者向けのエレキベースの講師となり、人気を博しています。

次ページに、簡単な分類表を作成したので、職業、趣味、勤務形態などが、自分が想定しているターゲットとまったく違う属性の人に、役立ちそうなテーマがないか探してみてください。

ターゲットの属性例

年齢①	～9歳、10代、20代、30代、40代、50代、60代、70代～
年齢②	若手(10～20代)、中堅(30～40代)、ベテラン(50～60代)
家族構成①	一人暮らし、独身、既婚
家族構成②	子供有無(子供の年齢でさらに区分け可能)
家族構成③	親の同居有無(親の仕事有無や要介護度で、さらに区分け可能)
性別	男性、女性
生活地域	首都圏、政令指定都市、地方都市、農村、過疎地域、限界集落
勤務形態	会社員、公務員、経営者、個人事業主、パート、フリーター、主婦、主夫、
習熟度	初心者、初中級者、中級者、中上級者、上級者
使用SNS	Facebook、Instagram、LINE、Twitter、YouTube
起業家予備軍	独立希望者、副業希望者
起業して稼ぎたい額(月額)	1万円、5万円、10万円、30万円、50万円以上
職業	会社員、公務員、コーチ、カウンセラー、カラーセラピー、セミナー講師、コンサルタント、占い師、投資家、スポーツトレーナー、デザイナー、エンジニア、プログラマー、医師、弁護士、著者、ライター、編集者、婚活仲人、整体師、エステティシャン、ネイリストなど
趣味	マラソン、ウォーキング、水泳、登山、ハイキング、キャンプ、スキー、スノボ、ボルダリング、スポーツジム、テニス、サッカー、フットサル、バスケットボール、バレーボール、ダンス、ヨガ、ピラティス、卓球、乗馬、家庭菜園、バーベキュー、料理、スイーツ、読書、刺繍、音楽鑑賞、楽器、ドライフラワー、押し花、茶道など

あなたの話を聞きたいと思う人、あなたの話が役立つ人が必ずいるはずです。

漠然と伝えたいテーマやターゲットが決まっている人も、一度ターゲット属性を細かく分類してみましょう。

たとえば、私が開催する「起業セミナー」の場合、**ターゲットの年齢**や**稼ぎたい金額、副業か独立か**、など、**ある程度事前に想定しておかないと、「伝わる」セミナーにはできません。**

自分が想定しているターゲット属性とは違う人が参加しても、セミナーに満足はしてくれないのです。

ターゲットの属性を細かく想定しておくことは、とても大切なことなのです。

ターゲットを決める

伝えたいテーマが漠然としているうちは、ターゲットの属性を考えても、いまひとつピンとこないかもしれません。

そんなときには、**市場リサーチ**を行ないます。

ぼんやりとでも考えている、ターゲットやテーマに関して、実際に興味を持つ人がいるのか、もしくは想定しているターゲットがどんなことを知りたいと思うのか調べるのです。

いちばん**手っ取り早いのは、直接人に聞くこと**です。

私は、読書法のセミナーを最初に開催するときに、周囲の人たちに片っ端から聞いてみました。ターゲットは「本を読む人」「本を読みたい人」だったので、**周囲にいる人は全員ターゲット**だと思ったのです。

「あなたは本を読みますか?」
「何のために本を読みますか?」
「読書に関することで、何か悩んでいることはありますか?」
「読書セミナーで何か得たいことはありますか?」
などと聞いて回りました。

世間では、どのような読書セミナーが開催されているかも調べました。

最近では、「こくちーずプロ」(http://kokuchpro.com/)などのセミナー告知サイトで、類似セミナーが簡単に調べられるので情報収集が楽にできます。

類似セミナーを開催している講師に、直接どんなセミナーをしているのか、参加者はどんなことに困ってセミナーを聞きに来るのか、聞くこともあります。

情報収集したいテーマによっては、インターネットの「Ｙａｈｏｏ！知恵袋」や「教えて！ｇｏｏ」などのQ&Aサイトもリサーチには便利です。

「回答」ではなく、**「どんな質問があるのか」が参考になる**のです。

セミナー講師を始めてから、「誰が何を知りたいのか」「どんな悩みを抱えているのか」を知るために、常日頃からアンテナを張るようになりました。

セミナー告知サイトをまめにチェックしていると、最近の流行テーマがわかります。

新聞をチェックすると、企業主催のセミナーテーマにどのようなものが多いのかわかります。企業主催セミナーをチェックするなら、日本経済新聞がおすすめです。

ＦａｃｅｂｏｏｋなどのＳＮＳで、誰がどんなセミナーを開催しているのか、あるいは参加しているのかも気にするようになりました。

友人や知人とのちょっとした会話、ふとしたときに自分が感じる不便さや不満。**ヒント**

は日常生活のいたるところに隠れています。

ターゲットは「狭く」設定する

「読書に関する悩み」を聞いて回ったところ、集まったのはこんな声でした。

「本を読む時間が取れない」

「本を読んでも内容が覚えられない」

「本を読もうとたくさん買っても、結局、〝積ん読本〟が増えるばかり」

「本を読む習慣がないから、1冊読むのはハードルが高い」などなど。


そこで、私は「本を速く読んで知識として残すコツ」をテーマにセミナーを開催しました。

幸いセミナーの評判は総じて良かったのですが、何回か繰り返すうちに、気になることが出てきました。

終了後のアンケート結果に関係なく、その後、参加者の中で新たな読書法が身につく人と、それほど身につかない人とに分かれるのです。

せっかくなら、参加者全員に新たな読書法を身につけてほしい。セミナーを聞いて「面白かった」と言ってもらえるだけでは、満足できなくなってきたのです。

新たな**読書法が身につく人と、身につかない人とでは何が違うのか。**

注意深く観察するまでもなく、そこには大きな違いがありました。

新しい習慣が身についた人は、起業したい人やビジネスで成功したいと強く願う人など、**「本気で人生を変えようとしている人たち」**だったのです。

一方で、「本を読むスピードを上げることで、楽をして本を読みたい」「本や新聞を読むのに、あまり時間をかけたくない」など、「本を読む理由」が後ろ向きだったり、あいまいだったりする人は、残念ながら新しい習慣が身につかないケースが多かったのです。

そこで私は「読書を通じて、本気で人生を変えたいと思う人」だけをターゲットに、新たにセミナーを開催することにしました。

それまでの「本を速く読むコツ、記憶に定着させるコツ」などの基本部分はそのままに、「成功者と呼ばれる人たちに、本が与えた影響」を付け加えたのです。

たとえば、ユニクロを世界ブランドに育て上げた柳井正さんが、ハロルド・ジェニーンの『プロフェッショナルマネジャー』を読み強い衝撃を受け、「わが社を今までにない革新的な企業にしたい」と、社名をファーストリテイリングに変更しユニクロの全国展開を開始したこと。

ソフトバンクの孫正義さんが、15歳のときに司馬遼太郎の『竜馬がゆく』を読んで大きな影響を受け、「何か事を成さなくてはならない」と単身渡米したこと、その後も創業期の経営難に陥ったときや、大病を患ったときには同書を心の支えにしていたこと。

そのようなことも、併せて紹介するようにしました。

セミナーの改良後、読書法を新たに身につけてくれる人が増え、参加者の満足度も5段階評価の4「良い」から5「大変良い」と評価してくれる人が増えました。

ターゲットは漠然と幅広く考えるのではなく、**できるだけ具体的に掘り下げ、ある特定の一人を思い浮かべるぐらいまでに具体化**しながら、セミナーテーマを掘り下げていくほうが、結果としてより多くの人が満足するセミナーになります。

セミナーの「ゴール」を考える

セミナーのテーマを考えるときに、もう一つ大切なこと。それは、セミナーの「ゴール」を考えることです。

ターゲットとする**参加者が、あなたのセミナーに参加した後にどうなってほしいのか、**具体的に目指すゴールを明確化するのです。

先の読書セミナーでいえば、当初、私が考えていたゴールは「本を速く読んで知識として残すコツを身につけてほしい」というものでした。

実際、終了後のアンケートは「本を速く読むコツがわかりました！」という声が中心でした。

その後、ターゲットを「読書を通じて、本気で人生を変えたいと思う人」と絞り込んだとき、同時にセミナーのゴールを「読書によって人生を変えてほしい」に変更しました。

すると、終了後のアンケートは「早く本が読みたい」「本を読んだあと、行動に移すことの大切さがわかりました」など、その後に起こす「行動」についての声が多く聞かれるようになりました。

この参加者の声の変化が、私に大切なことを教えてくれました。

セミナーを開催するとき、ゴールの設定を「○○のノウハウを身につけてほしい」にしてはいけないのです。

それだけでは、ノウハウが身につくのは、自分自身でしっかりと目標を掲げている少数の人だけです。

そのノウハウを身につけた先にどうなってもらいたいか、もっと**大きなゴールを考えなければ、参加者の心には響かない**のです。


実際、ゴールを変更した後の読書セミナーでは、「なんとなく興味があって参加しました」という人でも、セミナー終了後には「すごく本が読みたくなりました！」などの感想が増え、新たな読書法を身につけてくれる人が増えました。

セミナーでは、参加者に「伝える」だけではなく、**「変化を与える」ことを目指して**ください。

目指すゴールをどこに設定するかによって、中身は必然的に変わってきます。

「誰に（ターゲット）、何を（テーマ）伝え、受講後どうなってもらいたいか（ゴール）」。

最初は手探りでも、アンケートなどの反応を見ながら、この3つを繰り返し考えるうちに、自然とやるべきことが見えてくるはずです。

具体例や論拠となるデータを収集する

大きなゴールを設定すると、自分の体験談や独自のノウハウを伝えるだけでは、説得力が足りないことにも気がつきました。

主張したいことがあっても、その根拠が「自分の経験」だけでは弱いのです。**主張を裏付ける客観的なデータや事実が必要**なのです。

読書セミナーでは、「読書によって私の人生がどう変わったか」だけではなく、「読書で人生が変わった人たち」の情報があるほうが説得力は増します。

自分の経験や知識をより体系立てて話すために、**関連する情報収集がもっと必要**になることにも気がつきました。

いまでは一つのテーマについてセミナーを行なうとき、**最低でも3冊、できれば10冊**程度本を読み情報収集を行ないます。

3冊読めば、おおよその全体像はつかめます。そこからは、ちょっとしたエピソードや、ほかの本にはない視点を流し読みで拾っていく感じです。

「このエピソードは役に立つ」「自分が成功できた理由は、この法則にのっとっていた」など、使えるネタを増やすことで、あなたのセミナーはより深みのある、人を動かすものになっていくのです。

第2章

セミナーの「シナリオ」を作る

まずは「幹」を作る

フレームワークを活用しよう

テーマが決まったら、次はいよいよシナリオ作りです。

たくさん書き出したネタを、どうやってつなげてストーリーにしていくか。

シナリオは、セミナー講師の命です。

どんなにいいネタを書き出していても、シナリオの作り方が悪ければ、参加者の心を動かすセミナーにはできません。

面白い映画やドラマは、やはりシナリオがよく練られています。どんなに素晴らしい監督、最高の名優が演じていても、シナリオが良くないと面白くありません。

話があちこちに飛んだり、専門用語だらけで参加者にとってわかりづらいものになったりしないよう、事前にしっかりシナリオを組み立てましょう。

セミナーのシナリオ作りは、2段階で考えます。

まずは話の軸となる「幹」、そして、**それ以外の「枝・葉」**の部分です。

まずは、大きな話の流れ、「幹」になる部分を考えます。

書き出したもののうち、使いたいもの、使えそうなものを取り出してください。ここからはポストイットに書き出すと、順番を考えるときに並び替えしやすくて便利です。

シナリオ作りには、ロジカルで伝わりやすい骨組みを作る「フレームワーク」があります。いわゆる「起承転結」は、セミナーのフレームワークとしては使い勝手がよくありません。いったん忘れてください。

セミナー講師がよく使うフレームワークのうち、全体の大きな流れを示すのに便利なのが、**「PREP法」「序論・本論・結論」「ホールパート法」**です。

その中で、説明したい要素によっては、**「大状況・中状況・小状況」「時系列（過去・現在・未来）」「変則時系列（現在・過去・未来）」**などのフレームワークを活用することで、すっきりと説明しやすくなります。

それぞれ、私が実際に使っているシナリオの実例なども交えながら見ていきましょう。

PREP法（プレップ法）

相手の気持ちを動かしたり、行動を促したりしたいときに効果的です。**論理的で話の説得力が高まる**話法です。

Ｐｏｉｎｔ（要点）、Ｒｅａｓｏｎ（理由）、Ｅｖｉｄｅｎｃｅ（根拠）またはＥｘａｍｐｌｅ（具体例）、そして再びＰｏｉｎｔ（要点）で締めくくります。

例：「セミナー講師養成講座」

Ｐｏｉｎｔ（要点）：一人では活躍する講師にはなれない。

Ｒｅａｓｏｎ（理由）：講師力はＰＤＣＡを繰り返すことで磨かれる。

Ｅｘａｍｐｌｅ（具体例１）：終了時アンケートを元にシナリオを修正し続ける人気講師。

Ｅｘａｍｐｌｅ（具体例２）：研修会社（講師を派遣する会社）と契約する講師は、プロのフィードバックを受けることで講師力が磨かれる。

Ｐｏｉｎｔ（要点）：厳しい指摘をしてくれる人とのつながり（人脈）が大事。

ホールパート法

相手に伝えたい主張・結論を全体像（Ｗｈｏｌｅ）として話の最初に提示し、それについての理由・根拠を各パート（Ｐａｒｔ）として説明、最後にもう一度全体像（Ｗｈｏｌｅ）に戻って話を締めくくる方法です。

違う角度からいくつかの理由や根拠を示したいときでも、最初に全体像（結論）を示すことで、参加者が混乱せずに話を聞けます。

例：「セミナー講師養成講座」
全体像：あらゆるビジネスに役立つセミナー講師のノウハウを3カ月で身につけてほしい。
パート1：ビジネスにおいて「講師力」が重要。
パート2：100歳まで生きる時代。会社に頼らず自分で稼ぐ力が必要。
パート3：セミナーは投資・資本いらず、始めやすいビジネス。
全体像：どんなビジネスにも応用が利く「講師力」を3カ月で身につけてほしい。

序論・本論・結論

導入部で仮説や問題提起を打ち出したいとき、参加者に問いかけたいときに便利なフレームワークです。序論でテーマを明確に打ち出し、本論では自分の主張したいことに沿った論拠を積み上げ、最後に結論であなたが伝えたいことをまとめます。

例：「セミナー講師養成講座」
序論：セミナー講師の能力は、全ビジネスパーソンに必要か？
本論：「講師力」は、テーマを見いだす力、シナリオを構築する力、人を引きつける話し方、相手を楽しませながら話す力、ＰＤＣＡを回して成長する力など、あらゆるビジネスパーソンに必要な総合力だ。
結論：「講師力」は、どんな人にでも役に立つ能力だ。

主張・理由・事実（具体例）
論理的で説得力が高まるフレームワークです。主張で伝えたいテーマを打ち出し、理由でその論拠を説明、その論拠を補足する客観的な事実や具体例を補足します。事実や具体例で補足できないと、「主張」の説得力が一気にかけるので気をつけましょう。

例：「セミナー講師養成講座」

主張：「我流の講師」では通用しない。
理由：セミナーのフィードバックを受け、PDCAを回さなければ、いつまでも「講師力」は上達しない。
事実：7年前、一緒にスタートした講師はほとんどいなくなってしまった。

大状況・中状況・小状況

何か物事を説明するときに、使いやすいフレームワークです。全体的な大状況から先に説明して、中状況、小状況と細かい具体的な状況を説明していきます。中状況は、なければ省いても構いません。

講師初心者は、どうしても細かい小状況から説明しがちです。質疑応答の時間などでも、聞かれたことに答えるときには、まずは大状況（全体の傾向や大きな枠組み）を説明してから小状況（具体例）を話すと、話が理解しやすくなります。

例：人気飲食店A店を紹介する
大状況：（ビル外観）A店が入る大型商業ビルの場所・外観を紹介。
中状況：（フロアー内）その商業ビルの中にある、ほかの有名飲食店の看板を紹介。その中でも、ひときわ長い行列が並ぶのがA店の看板の前。
小状況：（店舗の中）Ａ店のメニューや価格、その店ならではのこだわりを紹介。

時系列（過去・現在・未来）

過去・現在・未来、あるいは、大昔・昔・現在のように、時間の流れに沿って何かを紹介したいときに使います。

時間の流れを意識すると、因果関係も整理しやすくなります。ノウハウを伝えるセミナーの場合でも、「最初にやること・2番目にやること・3番目にやること」と時系列に沿うとすっきりします。何かを紹介するときは、ただ現状を紹介するのではなく、過去にさかのぼった歴史も紹介することで、参加者の理解を深めます。

例：大岩プロフィール
大昔：会社員時代、電子部品メーカー、半導体商社など4社で法人営業を経験。どの会社でも、必ず前年比150％以上の営業数字を達成。
昔：一念発起してセミナー講師として独立するも、最初は集客できず苦労する。
現在：現在では、年間150回を超えるセミナーを実施し、収入は会社員時代の倍以上を稼ぐ。

変則時系列（現在・過去・未来）

時系列が変則的なフレームワークです。時系列に順を追って説明するほうが、シンプルで理解はしやすいのですが、場合によって聞き手が少し飽きてしまうことがあります。そんなときには、変則的に「現在・過去・未来」とすることで、**ストーリーにメリハリが出ます**。講師のプロフィール紹介でもよく使われています。

例：大岩プロフィール
現在：年間150回を超えるセミナーを実施、収入は会社員時代の倍以上を稼ぐ。
過去：独立当初の数年間は、集客ができず苦しむ。
未来：「講師育成協会（仮）」の設立準備中。未来のセミナー講師育成に注力している。

組み合わせてよし、ざっくりでよし

セミナー全体のシナリオは、こうしたフレームワークを組み合わせて作るのが一般的です。つまり、全体の大きな流れを「序論・本論・結論」で構成する場合でも、「本論」の中身は「PREP法」や「ホールパート法」などほかのフレームワークで整理してよいわけです。

2時間のセミナーの場合は、前述の例でいうと、2～5つの「本論」を用意します。「本論」は、一つ10～30分程度になるのが目安ですが、あまり厳密に考えなくても構いません。

シナリオを作るとき、最初のうちは「○分のネタを作る」と時間を意識して組み立てるのは難しいものです。

「伝えたいこと」がある程度フレームワークに収まったら、ストップウォッチ片手にリハーサルを行ない、時間を測るほうが作りやすいです（時間のめどは、おおよそ300字で1分です）。

私が開催している「売る気がなくてもトップ営業になれる　信頼関係構築術」で使用するフレームワークを紹介するので、参考にしてください。

「売る気がなくてもトップ営業になれる　信頼関係構築術」

（全体を「序論・本論・結論」で構築し、本論部分に複数のフレームワークを埋め混

んでいます）

序論

行き詰まっている営業の現状（商品が売れない、アポが取れない）。

本論シナリオ1（PREP法）

Point（要点）：人は信頼関係がない人の話は聞かない。

Reason（理由）：ザイアンスの法則

「①人間は知らない人には、攻撃的・冷淡な態度をとる」

「②接触回数が多い人ほど親しみを持つ」

「③相手の人間的な側面を知ったとき、相手に好意を持つ」

Evidence（根拠1）：クライアントと雑談を繰り返し、関係構築ができると売れる。

Evidence（根拠2）：会う回数が多い会社の同僚と結婚する人の多さ。

Point（要点）：信頼関係を構築するには、何度も会う必要がある。

本論シナリオ2（ホールパート法）

全体像：信頼関係を構築する方法とは？

パート1：「返報性の法則」（誰かに何かをしてもらうと、自分も何かしたくなる）

具体例1：スーパーで試食をすると買ってしまう。

具体例2：お客様の困りごとを解決してあげるのが先。

パート2：自己開示をする

具体例1：自分の家族構成や出身地の話

具体例2：今までにしてきた失敗談や挫折経験など

パート3：話の聞き方（あいづち、うなずく、おうむ返し、ペースを合わせる）

パート4：質問の仕方（オープンクエスチョン、クローズドクエスチョン）

全体像：これらの方法で信頼関係が構築される。

結論

まず、クライアントと信頼関係を構築せよ。

「理由」や「根拠」は複数示す

紹介したフレームワークのうち、複数の理由を列挙して説明することを前提としているのは、「ホールパート法」だけです。しかし、そこは厳密に考えなくても構いません。「PREP法」などのほかのフレームワークでも、適時追加すればよいのです。**主張を客観的に補足してくれる理由や具体事例は、複数あったほうが説得力は高まります。**一つの主張に対して、2つ、3つ具体的なエビデンスや論拠があると理想的です。ただし、ホールパート法以外では、4つも5つもあると、さすがに冗長です。「どうしても必要」でなければ、あまり情報は盛り込みすぎないようにしましょう。

伝わるシナリオは「シンプル」

ノウハウ系を教えるセミナーでシナリオを作るときに、**ビギナー講師が犯しやすい間違いがあります。**それは、**シナリオに情報を盛り込みすぎる**ことです。「せっかく学びに来てくれているのだから、たくさん教えてあげたい」という想いが先走り、ついついたくさんの情報を詰め込みがちなのです。

講師デビューしたころの私が、まさにそうでした。良かれと思って情報を盛り込みすぎ、逆に参加者を混乱させていました。当時は、骨組みとなるフレームワークを意識していなかったため、話が飛んでいたりして、なおさら伝わりにくかったはずです。

「知っていることをたくさん伝えた。きっと参加者も満足してくれるだろう」と思ったらこれが大間違い。

「大事なことがたくさんあるのはわかるのですが、どれも理解できませんでした」

「すべて頭に入らず、パンクしました」

「こんなにたくさんやることがあることを知り、自信をなくしました」

といった感想ばかり。

「たくさん情報を盛り込んだほうがいい」は、完全に私の独りよがりだったのです。

そこから伝えたいことを80％にしてみましたが、まだ消化不良だという声が多くありました。そこで、**思い切って情報を60％に**してみました。正直、内容が薄いと怒られるのではないかと不安でした。

ところが、アンケートの結果は逆で、

「内容がよくわかりました」

「重要なポイントがハッキリしました」

「単純明快で、明日から使えそうです」

といった感想に変わったのです。


うまい文章と下手な文章の違いは、いかに文章を削れているか、だと言います。

セミナーのシナリオも同じです。うまい言い回しや例え話を思いついたときや、参考になりそうな具体例を見つけたときほど、それらを使いたくなります。

でも、**大切なのは「講師が面白いと思ったこと」ではなく、「参加者に役立つ情報かどうか」**です。

迷ったときは、参加者の目線に立ってください。伝える情報は、ロジックを構築するために必要最小限に絞ります。あってもなくてもロジックが壊れない情報は、思い切って削りましょう。

失敗談は参加者の心を開く

シナリオの幹を作るときに、意識的に盛り込んでほしいことがあります。**自分の失敗談や過去の汚点など、できないこと、できなかったことなどの打ち明け話**です。

セミナー参加者は、講師の体験談やノウハウ、スキルを勉強しようと話を聞きに来ています。

このとき、自分とはあまりに違いすぎる、かけ離れた成功体験ばかりを聞いても、「講師だからできたことだ」「私には到底できない」と後ろ向きな気持ちになります。あまりにも続くと、そのうち「自慢話だけか」と全体のストーリーにも共感してもらえなくなってしまいます。

会社から強制的に行かされているセミナーは別として、あなたのプロフィールを見て自分でセミナーに申し込んでいる参加者は、あなたの実績をある程度事前に知っています。**その実績や技術を、どうやって身につけたか、そのノウハウを聞きたくて話を聞きに来ているの**です。

人は他人の成功談よりも、失敗談や「実は○○だった」という打ち明け話に強く反応する生き物です。

「実は、こんなことでつまずいた」「全然上手くいかなかった」「上手くいかなかったが、こんな工夫をすることで上手くいくようになった」などと話すことで、一気に共感してもらえるようになります。

失敗体験やあまり人には言いたくない話でも、あなたのセミナーに説得力を持たせられるのであれば、どんどん開示しましょう。


たとえば、ダイエットやエクササイズなどの、美容に関するセミナーを実施する講師がいたとしましょう。スリムでも全身にきれいな筋肉がついた美ボディを誇る講師が、「実は、10年前は体重90キロオーバー、体脂肪率40％だった」と言ったらどうでしょう。

「そこから一念発起してダイエット。その後一度もリバウンドすることなく、今の体重を維持している」と聞いたら、もともとモデル体型の人が教えるノウハウよりも説得力を感じますよね？

何よりも「こんなにステキな講師でも、そんな過去があるんだ」と、講師と参加者の距離が一気に縮まります。

そういう「おいしいネタ」がある人は、セミナーの冒頭か途中にぜひ入れましょう。

ちなみに、セミナー講師養成講座の場合、私はこんな失敗談を話します。

「参加者ゼロ人」が何十回もあったということ（「何回」ではありません、「何十回」です）。

集客できないからと研修講師の仕事を始めたものの、最初のうちは主催者のフィードバックが厳しくて、何度も講師を辞めようと思ったこと（「辞めちまえ」と言われたこともあります）。

成功体験だけをうまく抜き出したプロフィールを見た人からは、私は集客に困らず、講師業を順風満帆に歩んでいるように見えるかもしれません。

でも実は、**何度も失敗し、試行錯誤を繰り返してきたからこそ、こうしてノウハウを伝えることができる**のです。

ネガティブなことでも自己開示をすることによって、「この人も昔は、苦労したんだ」と共感を呼びます。

「頑張れば、私にもできるかも！」と思ってもらうことができるのです。

失敗談や打ち明け話を本論に組み込みにくいときは、自己紹介に組み込んでしまいましょう。

「時事ネタ」で参加者の注意を引きつける

教科書に沿ったような一本調子の話が続くと、人はどうしても飽きてきます。参加者を飽きさせるようでは、講師失格です。最後までいかに飽きさせず、話に引きつけるかが講師の腕の見せ所です。

興味を引きやすいのは、「時事ネタ」です。いま話題となっているニュースがセミナーの内容と結びつくと、参加者の印象に残りやすく理解も深まりやすくなります。

ニュースをチェックするときは、自分がテーマとしている領域に結び付けられるものがないか、日頃からチェックしておきましょう。

たとえば、毎年4月に、大手企業の新入社員研修で行なうコンプライアンス研修の場合。ベースとなる話は同じでも、例示するニュースは毎年違います。直近1年間ぐらいで、扱いが大きかったニュースや特定業界へのインパクトが大きかったニュースを選びます。

ここ数年で取り上げたテーマは、食品偽装や廃棄食品の横流し問題、大手電機メーカーの不正会計問題、自動車メーカーの排ガス不正問題などです。

ちょっとした不正のつもりでも、コンプライアンス違反が会社に大きな損害を与える具体的な事例になることです。こういった時事ネタを話すと、参加者の顔が上がり、うんうんとうなずいてくれる人が増えるのを感じます。

「幹」に「枝・葉」を加える

「幹」以外に必要なもの

シナリオの「幹」が作り終わったら、「枝・葉」の部分を作ります。

豊かな枝葉があってこそ、セミナーの完成度と参加者の満足度は高まります。

ここでは講師初心者でも失敗しない、「成功するセミナーに必要な10要素」を紹介します。セミナー全体の進行をイメージしながら、**必要な要素はすべてシナリオに組み込みましょう**。かっこ書きは、2時間セミナーでの時間配分の目安です。★マークがついているものは後述します。

登壇前のフリートーク（開始時刻まで）

早めに会場に入り、参加者と軽くコミュニケーションを取りましょう。開始前に講師のほうから気軽に話しかけると、参加者の緊張がほぐれやすくなります。

セミナーの本題とは、直接関係のないテーマ、たとえば前日のニュースや当日の朝刊の話題、会場に関することなど、積極的に話しかけましょう。セミナーの場づくりにとても重要です。

イントロダクション（時間30秒〜2分）

開始時刻が来て、「では始めます」といきなり講師の自己紹介に入るのは、私の中では正解ではありません。

季節や天気の話、地元の話、ホットな最新ニュースなど。「みなさん、こんにちは！暑い中、お越しいただきありがとうございます。今日の東京は、35度を超えるみたいです。室内でも熱中症になるみたいですよ。今日の講座中もそうですが、水分補給はマメにしてくださいね。それでは、セミナーを始めます」

こう言い添えて、セミナーをスタートします。慣れないうちはほんの一言だけでも構いません。ほんの一言、今日の天気や季節に関することに触れるだけで、場の空気が柔らかくなります。

自己紹介（5分）

最初に、講師の自己紹介をします。あなたが何者なのか、なぜこのセミナーをやっているのかを簡単に紹介します。あまりくどくどと長話をするのはNGです。伝えたいエピソードや実績は、できるだけ本論のシナリオに組み込みます。

アイスブレイク（5分）★

アイスブレイクとは、参加者の氷（アイス）のように固まった緊張をほぐす（ブレイク）ための手法です。私は、自主開催のセミナーでは、参加者同士で自己紹介をしてもらうなど、必ず何かしらアイスブレイクの時間を設けます。

セミナーのゴール、セミナーの流れを説明（3分）

今日のセミナーのゴールと、セミナーの全体の流れを説明します。参加者が途中で「迷子」にならないように示す、「道しるべ」のようなものです。あまり、詳しく話す必要はありません。あくまでも概要として、簡単に説明します。

本論（2〜5つで合計65〜80分）

いよいよメインテーマです。フレームワークに沿って作成した本論を2〜5つ程度用意します。

ワーク（5〜30分）★

自主開催のセミナーでは、私はワークの時間を必ず取ります。参加者に何かを学んで身につけてほしいとき、実際に参加者に手を動かしてもらい、考えてもらうことで、ただ聞くだけよりも知識が身につきやすくなります。ワークの時間は全体の4分の1までを目安にします。

最後のまとめ（5分）

今日のまとめをします。**人は最後に聞いたことが、いちばん記憶に残ります**。全体の振り返りとともに、あなたがこのセミナーでいちばん伝えたいことを、最後に情熱を持って、しっかりと伝えましょう。私は、「今日からすぐできること」「明日からすぐ始められること」など、何かすぐ行動に移せることについても必ず言及しています。

質疑応答（10分＋α余った時間）★

参加者の満足度を高めるために、セミナーには質疑応答の時間を設けます。質疑応答の時間は、「最後のまとめ」の前でも構いません。

5分の小ネタ（予備）★

セミナーでは進行時間が予定より前後することが、しばしばあります。そんなときのために、5分程度で話せる小ネタを4、5個用意しておくと安心です。

緊張をときほぐす「アイスブレイク」

セミナー開始時、表情は笑顔であったとしても、参加者たちは固く緊張していることがほとんどです。知らない講師のセミナーに初めて参加するときや、周囲が知らない人ばかりだとなおさらです。

固まっている人が多ければ多いほど、会場全体の雰囲気も固く冷たくなっています。**そのままでは講師も話しづらく、参加者も緊張したままでは話に集中しにくくなります。**

この固い雰囲気を壊すために行なうのが、アイスブレイクです。
私は2時間セミナーの場合、最低でも5分、長いときには10分くらいアイスブレイクを行ないます。

アイスブレイクには、これといった決まったパターンはありません。場の空気を温めるなら、何でもいいのです。

私が好んでよくやるのは、参加者の自己紹介です。
5、6人の少人数であれば、一人ずつ自己紹介をしてもらい、人数が多いときには、数人のグループに分かれて自己紹介をしあってもらいます。

名前、仕事（差し支えない範囲で）、今日ここに来た理由の最低3つを、本人に話してもらいます。

周囲にどんな人がいるかわからない状態では、人はどうしても緊張してしまいます。自己紹介をしてもらい、参加者同士で周囲にどんな人がいるのかがわかると、緊張がほぐれていくのを感じます。

後述するワークを行なう場合には、先に参加者に自己紹介してもらうほうが、ワークは盛り上がりやすくなります。

より参加者同士の交流を促したいときは、アイスブレイクにさらに時間をかけることもあります。

名前、仕事、来た理由の3つに加えて、趣味の話や「GOOD&NEW」(最近あった良かったことと新しいこと)を話してもらいます。

2人1組で自己紹介をしあってもらい、ペアとなった相手について全員に紹介する「他己紹介」なども場が盛り上がります。

アイスブレイクとして、参加者同士に自己紹介をしてもらう狙いが、実はもう一つあります。それは**参加者同士の人脈づくり**です。

私はセミナー講師として独立してからの7年間、実にさまざまな縁に助けられてきました。なかには、たまたま参加者として受講したセミナーでの出会いが縁となって、その後の仕事につながったケースもあります。

同じセミナーを受講するというも何かの縁です。私のセミナーを受講しに来てくれる人同士でも、何か新しい縁が生まれてくれたら講師冥利に尽きます。

ただし、アイスブレイクとして参加者同士に自己紹介をしてもらうことがふさわしくないテーマのセミナーもあります。そんなときには、講師から全員に向けて何か質問をして、参加者に手を挙げてもらうのも一つの手です。

たとえば、営業パーソン向けの営業ノウハウを伝えるセミナーなら「皆さんは、いま営業何年目ですか？　1年未満の人？　1年以上3年未満の人？　それ以上の人？」と、手を挙げてもらうのです。

もし「3年目未満が8割、4年目以上が2割」であれば、「今日は基本的なこともしっかり押さえながら進行していきましょう」と断りを入れます。

8割の参加者には、「より自分にあった内容の話をしてもらえる」と安心感を与えることができます。

残り2割の参加者には多少申し訳ないのですが、時折ちゃんと応用編の話や具体例を入れるなどのフォローをすれば、終了後のアンケートでも不満は出にくくなります。

アイスブレイクを入れるにはセミナー時間が短い場合や、あなたが話す時間が限られているときには、「みなさん、こんにちはー」と投げかけ、「こんにちはー」と返してもらうだけでも効果があります。

そのほかにも、セミナー当日の場づくりに役立つノウハウは第5章にまとめていますので、ぜひ参考にしてください。

知識がより深く身につく「ワーク」

私は自主開催のセミナーでは、必ずワークの時間を取り入れます。

ワークとは、**参加者に実際に手を動かしてもらうことで、これからセミナーで学ぶこと、もしくは学んだことを体感し、より深く身につけてもらう**ための時間です。

ひとりで考える時間を設けて、後からそれを周囲の人とシェアするワークや、最初からグループに分かれて何かを話し合ってもらうようなワークなど、いろいろなワークがあります。

たとえば私が行なっている読書セミナーでは、一通りのノウハウを教えた後に、実際に本を読んでもらいます。2時間セミナーなら合計20分は、本を読んでもらいます。

それにより、ノウハウのメリットを実感してもらうことができますし、疑問点が浮かべばその場で質問してもらうことで、すぐに解消してもらうこともできます。

ほかにも、たとえばコーチングセミナーでは、目の前の相手との共通点を探し、共感力を高めるワークを取り入れます。起業セミナーでは、自分の得意分野を書き出してもらい、強みを発見するワークをやることもあります。

営業ノウハウセミナーでは、1分で自分、または自社のアピールをする練習や、日頃自分が話しすぎていないかを確認するために、傾聴する練習や質問する練習のワークなどを取り入れています。

ワークは本論に入る前にやってもらうパターン、本論の途中に組み込むパターン、本論をすべて話し終わってからやってもらうパターンなどいくつかがあります。

1回ではなく、複数取り入れることもあります。ワークを前面に打ち出すセミナーでない限り、時間は**トータルでセミナー時間の4分の1まで**に留めましょう。2時間セミナーなら最長・合計で30分までです。

それ以上ワークの時間が長くなると、逆に「もっとノウハウをしっかり教えてもらいたかったのに」という声が出てきやすくなります。

ワークを取り入れるメリット

講師を始めて1年が経ったころ、先輩講師に「セミナーの雰囲気を良くするには、どうしたらいいですか?」と聞いたことがあります。

そのとき、**「君だけが一生懸命しゃべっていないか?」**と聞かれ、ハッとしました。

当時、私が開催していたセミナーのうち、雰囲気がうまく作れずに悩んでいたのは、起業セミナーや、成功法則を伝えるセミナーでした。どちらもワークの時間を取り入れず、講師が一方的に話すスタイルでした。

雰囲気がよく、参加者の満足度も高い読書セミナーやマインドマップ講座では、実際に本を読んだり、ノートに書いたりというワークの時間を取り入れていたのです。

さらに5年前に、別の先輩講師から**「ワークを入れたほうが、必ず受講者満足度が上がる」**と教えられ、必ずワークの時間を入れるようになりました。実際、それ以来、全体的な満足度は上がっています。

特に、私の得意分野である自己啓発系セミナーや営業研修のようなセミナーなら、ワークを入れたほうが、参加者の満足度は上がります。

しかし、中にはワークを取り入れるのがふさわしくないセミナーもあります。たとえば、新商品発表会、業界の最新動向、資産運用、株式投資、法改正、個人情報保護法など、受講者が情報や知識を得ることを目的として参加するセミナーでは、ワークは不向きです。

第一線で活躍するビジネスパーソンの日々の心がけを伝えるようなセミナーなら、「明日からできることを書き出してみてください」といったワークを取り入れるよりも、「こんなときにはどうしているか」と参加者からの質疑応答の時間を長めにとったほうが、満足度は上がることもあります。

迷ったときには、「どちらのほうが参加者のためになるか」を軸に判断しましょう。

「質疑応答」には事前アンケートを

参加者の満足度を上げるためにも、質疑応答の時間は必ず取りましょう。講師がどれだけ事前に想定参加者の悩みや立場をおもんぱかってみても、実際の参加者の聞きたいことにもれなく100%答えることはやはり不可能だからです。

質疑応答の時間を別途設けることによって、「参加者が知りたかったこと」に個別に答えることができます。

2時間セミナーなら、最後の10～15分を質疑応答に充てます。3時間を超えるセミナーでは、1時間に1度程度、大きな話の区切りを目安に「ここまでで何か質問はありませんか?」と随時質問を促します。

とはいえ、慣れないうちは、想定していない質問に答えるのは、難しいこともあります。私も「念のために確認して後日回答しますね」と質問を持ち帰ることが今でもあります(回答はその日のうちか翌日までに行ないます)。

質疑応答の時間は、本当にさまざまな角度で質問が来ます。

せっかく本論のシナリオを丁寧に組み立てても、**質疑応答の時間に的外れな回答ばかりしていては、参加者の満足度は一気に下がります**。

そんな事態を防ぐために、**慣れないうちは事前にアンケート形式で質問を聞いておくの**がおすすめです。

「今回のセミナーでいちばん知りたいことは何ですか？」「講師に個別に相談したいことはありますか？」「いま困っていることは何ですか？」など、先に聞いておくのです。

参加者の中には、当日その場で「質問はありますか？」と聞かれても、なかなかその場では手を挙げにくい人もいます。そういう人には、事前にアンケートで質問ができるようにしたほうが親切です。

講師にとっても、当日までに回答を用意する時間がたっぷり持てますし、想像ではないリアルな「参加者が知りたいこと」がわかれば、本論のシナリオも工夫することができます。

質疑応答の時間に、どの質問にどう答えるか、きちんとシナリオに書き込んでいきましょう。

「5分ネタ」を用意する

慣れないうちは、ついつい早口になりやすいため、セミナーの時間を余らせてしまうことがあります。本論は話し終わった、質疑応答をやっても時間が余ってしまう――

そんなときのために、**5分ネタをいくつか用意しておく**のです。

具体例や講師の過去の経験談、フレームワークにどうしても当てはめられなかった小ネタなどで、時間を調整できるようにしておくと安心です。

「シナリオ」は一字一句書き出し読む

ところで、シナリオは、どのレベルまで書き込んだら完成だと思いますか？

スライドの資料を完成させ、ある程度話す順番を組み立てたら完成だと思っていませんか？

実は、それだけでは、まだまだ足りません。初めてのセミナー開催や、まだ慣れないうちは、シナリオは一字一句書き出してください。

ものすごく面倒くさい作業ですが、これをやるのとやらないのとでは、講師力が身につくスピードがまったく違います。

これは、私自身が経験したことでもあります。

実は、私も講師1年目のときは、一字一句書き込むシナリオは作っていませんでした。

アウトラインだけしっかり用意して、後はアドリブです。リハーサルはたくさんしていましたが、ちゃんとしたシナリオがないので、「あれ、さっきの練習のほうがうまく話せていた気がする」というときもありました。

一字一句のシナリオを作るようになったのは、2年目にあるプロジェクトに参加してからです。1年間にわたり、90分の研修を週1回行なうプロジェクトでした。私が担当したのは若者向けのキャリアデザインでした。

このとき、ベテラン講師でもあるリーダーから、事前に一字一句話すシナリオを作るように言われました。もちろん、毎週です。

正直、最初に言われたときには「冗談じゃない！」と思いました。無意味だと思ったのです。しかし、乗り掛かった舟ですから、やらないわけにはいきません。

それから毎週、セミナー本番の2日前までに、シナリオを提出しました。すると、リーダーから赤で添削されて返ってくる。「これでは伝わらない」「わかりにくい」「言い回しがくどい」「もっと結論から先に話すように」など、本番までに修正するよう命じられることも、しばしばありました。

書いた原稿は、必ず時間を測りながら口に出して読むようにも言われました。人が聞きやすいと感じる話し方のスピードは、1分間に300字程度だと言われています。この時間になるように、シナリオの文字量を調整します。

一字一句のシナリオを求められたのは、このプロジェクトだけではありません。ライセンスを取得した記憶術講座は丸2日間の内容を、すべて一字一句、原稿に落としています。タイムスケジュールが厳密に決められている企業研修でも、一字一句のシナリオ作成を求められたことがあります。

2日間で200ページ、合計16時間分のシナリオを作成したこともあります。

本当に大変でしたが、シナリオを一字一句組み立てるトレーニングをしたおかげで講師としての基礎力が一気に向上しました。

参加者が理解しやすい話の組み立て方、一文を短くすること、言い切ること、論理的で具体的な説明などができるようになっただけでなく、「この話なら何分でできる」という時間の感覚も、ほぼ完ぺきに身につきました。

「チェックしてもらえるようなベテラン講師の知り合いはいない」という人でも、一字一句書いて、それを口に出して読む訓練を積むことで、確実に力がつきます。

実際に一字一句書き出してみると、話の流れが論理的でない、説得力に欠ける、具体的でないなど自分で気がつくこともたくさんあります。

口に出して言いづらい箇所があれば、それはシナリオに改善の余地がある箇所です。

とはいえ、シナリオのアウトラインが決まる前に一字一句の原稿を書くのは時間がかかりすぎます。

まずは、だいたいのアウトラインが完成してから一字一句のシナリオを作る。完成したら、時間を測りながら読み上げる。この順番で作業すると比較的スムーズにできます。

「当日、どんな参加者が来るかわからないと、事前に一字一句までは作れないのでは?」と思う人もいるでしょう。

先のアイスブレイクで挙げた例でも「当日の参加者の属性に応じて、話す内容を少しアレンジしましょう」と言いました。

実はこれ、初心者にはなかなか高度な技です。では、どうすればいいか。

少し大変ですが、参加者の属性が幅広い可能性があるのなら、**パターンA、パターンBと、ターゲットの属性ごとに一字一句シナリオを作っておく**のです。

「この内容なら、○分で話せる」というのが感覚でわかるようになり、参加者の属性ごとに臨機応変に話を切り替えられるようになったら、一字一句のシナリオは作らなくても構いません。

一字一句のシナリオを作り、時間を測りながら読み上げるのは、地道で大変な作業です。この作業を粘り強く行なえるかどうかが、講師力アップの分かれ目です。

乗り越えれば、力は格段にアップします。

効果的な「スライド」を作る

講師初心者は「スライド」を作ろう

講師初心者は、必ずスライド用の資料を作りましょう。

スライドは、講師初心者の強い味方になってくれます。

ベテラン講師の中には、スライドを使わない講師もいます。私が尊敬するベテラン講師の大谷由里子さんや、一圓《いちえん》克彦さん、東川仁さん、いむらきよしさんなどは、「スライドに頼るな」と新人講師たちに教えています。

しかし、講師初心者がスライドを使わないのは、とても難しいことです。

私は、講師初心者だったころ、頭が真っ白になってしまい、次に話すべき内容がわからなくなってしまった経験が何度かあります。

そんなときでも、スライドの用意があれば、次のスライドに移行したときに、「ああ、次はこれだ」と、シナリオに沿って話すことできます。

それにスライドがあると、参加者の視線が講師ではなくスライドに向きます。人前に立つことに慣れていない人は、「参加者の視線を一斉に浴びる」ことだけでも、相当なプレッシャーです。

参加者がスクリーンに映し出されたスライドを見ているとき、自然と参加者の視線は正面を向きます。最初のころは、この瞬間がかなりありがたいのです。

スクリーンを見ている参加者の表情から、セミナーの内容をちゃんと理解しているか、飽きていないか、なども確認ができます。

「いつまでもスライドに頼ってはいけない」というのも、もちろん正しい意見です。**セミナー講師は、話だけで人をひきつける力を磨かなくてはいけません。**

私も、いまではスライドがなくても話せるようになりました。しかし、初心者がいきなりその域を目指すのは至難の業です。それに、参加者からは、スライドがあったほうが全体の話がわかりやすい、という意見もあります。

慣れないうちは、スライドを準備して、万全の態勢で挑みましょう。

効果的なスライドは「シンプル」

ただし、スライドに頼りすぎてはいけません。

スライド資料を作るときのコツは、「シンプルに作る」です。

会社員の方や講師初心者の方がスライドを作ると、1枚に書き込む情報量が多い傾向にあります。ごちゃごちゃしていると何が書いてあるかわかりづらく、文字も小さいので読みづらくなってしまいます。

しかも文字量が多いと、講師は参加者におしりを向けて、スライドを読んでしまいがちです。これでは、単調でつまらないセミナーになってしまいます。

ポイントだけスライドに書き、あとは自分の話し言葉で補足すると、参加者が集中して聞きやすいセミナーになります。

スライド1枚に書いていいのは、最大で5行までです。「ポイント1、2、3」と説明

情報を詰め込みすぎたスライド

成功者の３つの共通点

1. 明確なビジョンを持っている
   - 「○○になる」と明確な目標を持っている
   - いつまでに達成という時間設定がある
   - ビジョンが具体的である
2. すぐに行動する
   - まず、考える前にやってみる
   - 行動することで修正点が見えてくる
   - 失敗を恐れない
3. 感謝の心を大切にする
   - 人生で起こることすべてに感謝する
   - 出会う人すべてを大切にする
   - 自分の周りの人への感謝を忘れない

していく場合、ポイントごとにスライドを分けたほうが、すっきりと見やすくなります（次ページ参照）。

使用する色は黒、赤、青の3色までにしてください。

黒をベースに、強調したいポイントは青、強く強調したいポイントで少しだけ赤を使います。赤を多用しすぎると逆に見えづらくなってしまうので、ここぞというときの一言だけ赤を使うほうが、よりインパクトを与えます。

程よいバランスのスライド

成功者の３つの共通点

1. 明確なビジョンを持っている
2. すぐに行動する
3. 感謝の心を大切にする

1. 明確なビジョンを持っている

- 「○○になる」と明確な目標を持っている
- いつまでに達成という時間設定がある
- ビジョンが具体的である

2. すぐに行動する

- まず、考える前にやってみる
- 行動することで修正点が見えてくる
- 失敗を恐れない

3. 感謝の心を大切にする

- 人生で起こることすべてに感謝する
- 出会う人すべてを大切にする
- 自分の周りの人への感謝を忘れない

スライド作成にひと工夫

私は、**2時間セミナーの場合スライドを40～60枚作ります。**

スライドは前後に行ったり来たりしないように、セミナーで話す順番通りに配置します。同じスライドを2回挟んでも、何も問題はありません。そのほうが落ち着いて進行できます。

そして、細かいことですが、**スライドの最後には「本日は、ありがとうございました」**のページをつけます。

このページを用意しておかないと、最後のスライドが終わった後に「次に」をクリックしてしまうと、パワーポイントの場合、「スライドショーの最後です」の表示が機械的に出てしまいます。

これが出ると、なんだか急に現実に引き戻されたような感じがして、参加者に与えた熱量が瞬間的に覚めてしまう感じがするのです。

それよりは、「本日は、ありがとうございました」と表示した状態で、アンケートの記入をしてもらい、お見送りするほうが熱量を維持できますし、講師の感謝の気持ちも伝わる気がします。

「5分ネタ」のスライドも準備

時間が余ったときのための「5分ネタ」の分も、スライドは用意しておきます。

私は、2時間セミナーの場合、最後に表示する「本日は、ありがとうございました」のスライドの後に、**4、5枚ほど、20分は話せる分のスライドを用意**しています。

本番進行中に、「今日は時間があまりそう」と思ったら、途中でそのスライドを前のほうに移動させるのです。

逆に、時間が足りなくなったときのために、飛ばすスライドも決めています。具体例を3つ用意しているときに、最後の一つを削るなど、消しても前後の流れが自然になるよう調整しています。

これも進行中に、事前に消しています。「進行に差し支えない」といっても、目に入ってしまったスライドの内容が飛ばされると、参加者はどうしても気になってしまうからです。

「本番中にスライドを移動させる」というと、高度な技のように感じるかもしれませんが、慣れればすぐにできます。本番同様にパソコンの拡張機能を使って、事前に何度かリハーサルを行ないましょう（詳しい方法は第3章で紹介します）。

スライドを前後させたり、飛ばしたりするときのために、**スライド番号は消しておきます**。番号が書いてあると、飛ばしたり前後したりしているのが参加者に伝わってしまうからです。

スライドを活用したタイムキーピング法

セミナー本番を想定した**タイムキーピングの練習も大切**です。

慣れないうちは、想定した時間とずれやすいので、時間の管理はしっかり行ないましょう。

タイムキーピングには、当日使用するスライドをプリントアウトして、時間をメモしておくのがおすすめです。

ただし、スライド1枚をA4用紙1枚で印刷していては、全体がつかみにくくなってしまいます。おすすめなのは、**A4用紙1枚に9スライドを縮小して印刷する**やり方です。

このとき、5分ネタ用のスライドもちゃんと印刷しておきます。

途中で飛ばすスライドが出てきたら、×印を付け、5分ネタ用で使うスライドには○印を付けます。

スライドに時間を書くときは、「ここまでで20分」のような書き方だと途中で混乱してしまいます。少し面倒ですが、セミナー開始時刻が12時なら、「〜12：20」「〜12：40」など、**実際の時間を書いておいたほうがわかりやすい**です。

ちなみに、私は現在では一字一句のシナリオは作りませんが、この9スライドをA4用紙1枚に印刷したものは、必ず手元に用意しています。進行時間だけでなく、話す内容も赤ペンで箇条書きにしています。

この資料が手元にあれば、タイムキーピングもでき、話す内容を忘れてしまったときでも、すぐに思い出せます。

パワーポイントで、スライドショーでは参加者には見えない「メモ」が、たまに見えなくなるトラブルがあります。そうしたときでも印刷した紙の資料を用意しておくと、パニックにならずに済みます。

当日配布する「レジュメ」は必要？

当日配布する「レジュメ」は、丁寧に作る必要はありません。

私も、自主開催のセミナーでは事前にレジュメを配ることはほとんどありません。**「丁寧なレジュメ作り」は、参加者のためになるとは限らない**のです。

私も駆け出しのころは、たくさん書き込んだ丁寧なレジュメを開始時に配布していました。それが参加者へのサービスだと考えていたのです。

ところが詳しい資料が手元にあると、参加者はみな手元の資料ばかりを見てしまい、講師のほうを向いてくれません。

話し方もまだたどたどしいころでしたので、「顔を上げて前を向いてください」とは、なかなか言えませんでした。参加者の満足度が低かったことは言うまでもありません。

詳しいレジュメを事前に配布してしまうと、**先の話が見えてしまいライブ感やわくわく感が薄れてしまいます**。

レジュメを読んで得られる知識と満足しか参加者に与えられないようでは、講師失格です。

講師は、しゃべりで参加者を満足させられるようにならなければいけません。

おすすめなのは、セミナー終了後に要点をまとめたものを配るやり方です。書き写すには時間がかかる「チェック項目」なども含めてA4用紙1枚程度にまとめています。

参加者がメモを取ることに集中して、話を追えなくなっていそうなときは、「ポイントをまとめたものは最後に配布するので、メモは取らなくても大丈夫ですよ」と言ってあげれば、参加者は話に集中することができます。

セミナーの途中で、説明に必要なレジュメがあれば、そのタイミングで配ります。事前に渡しておくと、どうしても手元の資料に目が行ってしまうからです。

例外的に、レジュメを配布するセミナーもあります。研修タイプのセミナーやゲスト講師として呼ばれたときに、主催者に求められるケースです。

そんなときには、よほど詳細なレジュメ作成の指定がない限り、大切なポイントはあまり書き込まず、自分で書いてもらうブランク箇所を多めに作るようにしています。

そのほうが、セミナーのライブ感を失わずに済みます。

ただし、会社説明会や入学説明会、新商品のPRを行なうような場なら、その後の入社、入学、ＰＲ、商品購入の検討などに必要なため、パンフレットなどの資料が必要です。「丁寧なレジュメは原則不要」は、話で人を引きつける講演や自主開催セミナーに限ったケースとして、覚えておいてください。

第3章

鍵を握る「受講料」「会場&ツール」「リハーサル」

セミナーの受講料を決める

受講料の目安は？

あなたが開催しようとするセミナーは、いくらに値付けするといいでしょうか。

講師として初めてのセミナーを開催する場合でも、料金を無料にするのはおすすめしません。

2時間セミナーなら最低でも1500円から2000円に設定しましょう。**無料開催では参加者の学ぶ意欲がどうしても低くなります**。講師もどこかで「無料ならこのくらいでいいか」と準備に油断が生じやすくなります。

本業のビジネスをPRしたいときや、高額セミナーの契約に結び付けたいときであっても、個人開催なら無料開催はおすすめしません。無料だと誰でも気軽に参加できるため、想定ターゲット層とは違う人たちが集まりがちだからです。

無料開催にして、たくさん集客しようとするよりも、**有料でも参加したいと思わせるセミナーを開催する**ほうが、より学ぶ意欲が高い参加者を集めやすくなります。

実際、同じ内容のセミナーでも、無料よりも有料にしたほうが参加者の満足度は上がる傾向にあります。

もっと言えば、2000円以下に設定するよりも3000円以上に設定したときのほうが、より本気度の高い参加者が集まりやすくなるため、参加者満足度は高くなる傾向にあります。

高いほど満足度が高い？

講師の仕事に慣れないうちは、あまり高額な料金に設定するのは気が引けるかもしれません。私も、初めて開催した読書術セミナーの料金は1500円でした。

何回か回数を重ねながらも、最初のころは集客が難しくなるのではないかと、3000円よりも高い金額に設定するのを躊躇していました。しかしある日、先輩講師からこんなことを言われました。

「セミナー料金が3000円以上になると、参加者はシビアになる。特に5000円以上だと相当シビアになる。**それでも受けたいと思わせること、受講した後に満足してもらう講座をやることで、講師のレベルが上がる**んだよ」

そこで、意を決して5000円のセミナーを開催することにしました。すると、確かに事前の準備により一層力が入るようになりました。1500円や2000円で開催するときも、準備に手を抜いたつもりはありません。ただ、**緊張感が圧倒的に違う**のです。

あなたのセミナーが、オリジナル要素が高く、市場のニーズもあるという自信があれば、最初から5000円以上に設定してみるのもありです。

セミナーの適正な値付けに迷う人や、高額セミナーの開催を目指す人は、他人が開催する有料セミナーをいろいろ受講してみてください。

セミナー料金の相場がわかりますし、他人のノウハウを学ぶことで自分のセミナーの質も高まります（自分がセミナーを開催する立場になってから、他人のセミナーを受講すると、漠然と受けていたころよりも吸収できる情報量が格段に増えます）。

ビジネス系セミナーの受講料の目安を分類してみたので、参考にしてください。

セミナー受講料の例（ビジネス系の場合）

受講料	セミナータイプ
0円	・PR目的で開催されるセミナー 例：企業が、投資・株・不動産・保険・資格講座など商品PRを行なうセミナー
～1000円以内	・ドリンク代や場所代実費の勉強会・ミニセミナーなど 例：読書会、意見交流会
～2000円	・1.5～2時間で全1回のセミナー 例：心理学、起業、速読など自己啓発系のセミナー ＊参加者が比較的気軽に申し込める金額の上限
～3000円	・1.5～2時間で全1回のセミナー 例：心理学、起業、速読など自己啓発系のセミナー ＊ある程度、学ぶ意欲が本気の参加者に絞られる
～5000円	・2～3時間で全1回のセミナー ＊5000円以上は、学ぶ意欲が相当本気の参加者に絞られる
～1万円	・半日～終日のセミナー ・高度なノウハウを、少人数に伝えるセミナー
～5万円	・1～2日の集中セミナー ・複数回、数週間にわたり開催するセミナー
20万円以上	・複数回、数カ月間にわたり開催するセミナー

もう迷わない「会場」選び

会場予約で「締め切り効果」を高めよ

もし、**あなたが本気でセミナーや勉強会を開催したいと思うのであれば、今すぐにでも会場を予約しましょう。**シナリオがまだできていなくても構いません。日程を決めて会場を予約してしまえば、その日に向けて必要な準備をしていけばいいのです。

場所がよく料金が安い会場は、3カ月先まで予約が埋まっていることもあります。まだ、あなたが何の準備もできていなくても、それだけの期間があれば十分間に合います。

かくいう私も講師として独立したいと考えていたころ、「まずはシナリオを完成させないと」「まだまだインプットが足りない」と、なかなか最初の会場を借りようとしませんでした。集客できなかったらどうしよう、ちゃんと話せなかったらどうしよう、と恐怖心ばかりが先行していたのです。

そんなときに先輩講師から「**とにかく会場を借りろ。準備は後でいい**」と言われ、思い切って借りてみたのです。セミナーの開催が○日後に迫っている。この「**締め切り効果」は絶大**でした。

本当に一気に物事が進みだしました。

あれほど高く感じていた「第1回目開催のハードル」は、乗り越えてみたら何ということもなく、ひょいっと乗り越えられる高さでした。

必要なのは「えいやっ」と借りてしまう勇気だけだったのです。万が一、一人も集客できなかったとしても、失うのは会場費だけです。直前まで集客を頑張るのも、それはそれで今後の勉強にもなります。

セミナー告知を行なうのは45日前が理想です。45日後以降の日程を目安に会場を借りてしまいましょう。

会場選びに必要な5つの視点

では、いざ会場を決めるとき、何を基準に決めればよいでしょうか。最近では、「会議室・COM」（https://www.kaigishitu.com/）や「スペースマーケット」（https://spacemarket.com/）など、シェアリングビジネスの拡張も手伝って、会場の選択肢は格段に広がっています。

特に首都圏や大都市圏では、10名以下のミニセミナーや勉強会にふさわしい、低価格のレンタルスペースが増えています。

会場選びには、**「曜日（時間）」「人数」「場所」「会場費」「設備」**の大きく5つの視点があります。何をどう優先して決めていけばよいか、決めていく順番に沿って一つずつ説明していきましょう。

曜日（時間）

どんな人を集客したいのか。開催曜日は、セミナーのターゲットに応じて決めます。

主婦層をターゲットとしたセミナーやカルチャースクールなら、平日の朝10時から夕方

16時の間がベストです。

ビジネスパーソンを対象としたセミナーなら、大原則として**平日19時以降か、土日祝日**のどちらかです。2時間以内のセミナーなら平日開催をおすすめします。

平日なら、何曜日でもそれほど集客に影響はありません。以前は、ノー残業デーの多い水曜日が人気でしたが、最近ではそれ以外の曜日でも人は集まります。

土日祝日の開催は、最近、集まりにくい傾向にあります。しかし、半日から丸一日かける1万円以上の比較的高額なセミナーは、やはり土日祝日の開催がおすすめです。

人数

セミナーは目的やタイプに応じて、理想とする受講人数が違ってきます。

たとえば、コーチングや起業セミナーのように、**参加者一人ひとりとしっかりコミュニケーションを取りたいときは、私は参加者を6～12名までに抑えます。**

半日から終日のセミナーで、一人でしっかり見ることのできる限界人数は、24名程度です。グループワークを行なうセミナーでも、これぐらいの人数がいれば、4名のグループを4～6組作ることができ、自然な場の雰囲気を演出しやすくなります。

企業開催は別として、個人が初めて講師デビューする際は、集客目標人数は10名程度から始めることをおすすめします。いきなり、かつ継続的に20名も30名も集めるのは、そう簡単なことではありません。申し込みが多数来れば、会場を変えるなり、次のセミナーをすぐ開催すればいいだけのことです。スタートは慎重にいきましょう。

会場費

講師デビュー間もないうちは、会場費にお金をかけたくてもかけられないものです。だからといって、あまりにも場所が不便で古びた施設の利用は、おすすめできません。勉強会レベルのミニセミナーならともかく、その後、本命のセミナーや本業のビジネスへと結びつけることが目的なら、なおさらです。

参加者が10名以下なら、**1時間2000円以内の会場が理想**です。セミナー2時間、前後の準備時間と後片付けの時間をそれぞれ30分として、3時間6000円以内に収まればまずまずです（ただし、第5章で後述しますが、私は事前の準備時間は1時間取っておくことを推奨しています）。

一昔前なら、首都圏では難しい金額でしたが、最近では1時間数百円から借りられるところもあります。「貸し会議室　東京」「レンタルスペース　名古屋」などのキーワードで、検索してみてください。

場所（首都圏・大都市圏）

場所は集客に大きな影響を与えます。大切なことは、「多くの参加者が低コストで来やすい場所」であることです。

私はこれまで、北は北海道から南は九州まで、全国各地でセミナーを開催してきました。私が拠点としている名古屋を別にすれば、回数が圧倒的に多いのは、やはり東京です。多いときだと月のうち半分くらいは、東京に出張しています。

東京の場合は、できるだけ複数路線が利用できるエリアで会場を探します。新宿駅や、渋谷駅、品川駅、東京駅などのターミナル駅の近くがベストですが、「**山手線内、複数路線利用可**」の人気スポットはそれ以外にもたくさんあります。

たとえば、渋谷にも近い表参道駅。東京メトロの銀座線・千代田線・半蔵門線の3路線が利用できます。東京駅からも徒歩圏内の日本橋駅も、東京メトロの銀座線・東西線、都営地下鉄の浅草線の合計3路線が利用できる人気スポットです。

大阪では、御堂筋線の新大阪駅から心斎橋駅、なんば駅までの区間が集客しやすいエリアです。この区間からは、あまり大きく離れない方がいいです。天王寺駅などの南側エリアまで行ってしまうと、人が集まりにくくなります。

私の住む名古屋だと、名古屋駅を拠点に、東山線の栄駅までの間、もしくは桜通線の名古屋駅から久屋大通の間であれば、集客のしやすさはどこでもそう変わりません。ただし、このエリアから離れると、集客数は一気に下がります。

場所（地方都市）

浜松や静岡などは、電車移動だと不便ですが、バスでの移動は便利です。政令指定都市だけあって、駅前にセミナー会場が充実しているのでおすすめです。

金沢や福井など、車移動が中心の地方都市では、駐車場が有料になってしまう駅前や街中の会場は、逆に敬遠されがちです。中心地から車で10分程度は離れたとしても、**無料の駐車場スペースを確保できる場所を優先**して選びましょう。

ただし、繰り返しになりますが、場所選びは「多くの参加者が低コストで来やすい場所」であることが大事です。特にビジネス系や自己啓発系セミナーなどは、できるだけ広いエリアから集客しなければいけません。

「自分がどこに住んでいるか」は二の次にして、**大都市近郊の方は大都市に出向き、**講座を開催しましょう。

神奈川、千葉、埼玉であれば東京開催、京都、兵庫であれば大阪開催、岐阜、三重であれば名古屋開催のほうが圧倒的に人を集めやすくなります。

設備

会場を予約する際に、必要な設備を見逃さないようにしましょう。ホワイトボードやプロジェクター、スクリーンなど、**必要な設備の有無とレンタル料金を事前にしっかり確認**しましょう。

講師初心者には、演台がある会場をおすすめしています。演台があると、パソコンの操作も立ったまま行ないやすいですし、レジュメなど紙の資料を見る必要があるときも便利です。何より「体の半分が演台に隠れている」という状態のおかげで緊張が和らぎます。

初めて利用する会場は、**できれば事前に下見**したいものです。ホワイトボードとスクリーンがある会場でも、「スクリーンを下ろすと、ホワイトボードが使えない」というようなこともあります。机を動かそうと考えていても、固定されているケースもあります。思わぬところに大きなでっぱりがあって、邪魔だったこともありました。

しっかり下見をしておけば、本番当日に変に焦らずに済みます。

「最大収容人数」には要注意

参加者に気持ちよく参加してもらうには、**会場は受講人数に応じた適正な広さが必要**です。あまりにもぎゅうぎゅうだと、参加者が息苦しさを感じてしまいます。

会場選びの段階で気を付けてほしいのは、会場の「最大収容人数」いっぱいまで集客をしようとしないことです。

理想的な参加者数は、「**最大収容人数**」の70％です。逆に言えば集客予定人数よりも、会場のキャパシティが30～40％大きな会場を探したほうがいいのです。ポイントとなるのは「机」の形状です。

最大収容人数に気をつける

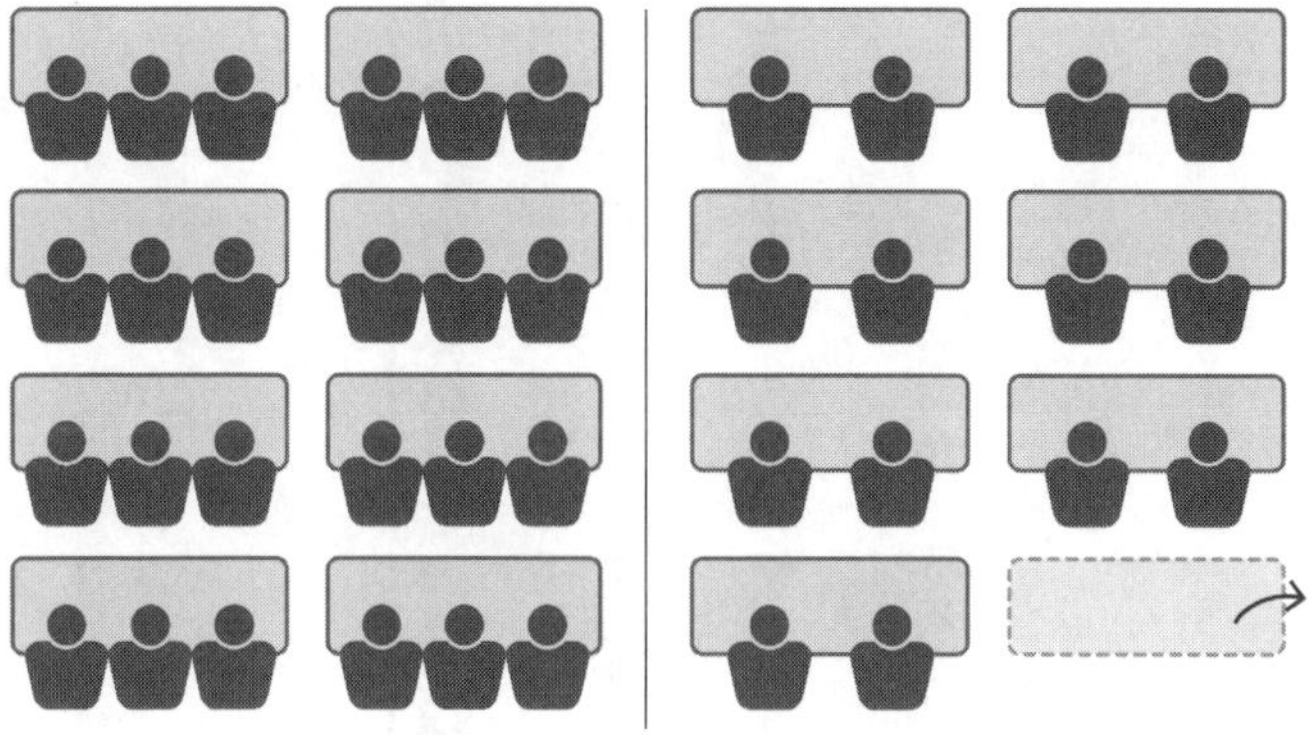

3名×8台だと圧迫感…　▶　2名×7台とし、1台は受付用に

たとえば、最大収容人数24名の会場の場合。机が1名掛け、もしくは2名掛けタイプなら、参加者20名までは大丈夫です。気をつけたいのは、机が3名掛け、もしくはそれ以上の場合です。

両肘を少し上げると隣の人にぶつかるような机だと、「3名掛け」でも実際に3名座るのは窮屈です。映画館で見ず知らずの人が左右に座ると、なんとも言えない圧迫感があるのと同じです。3名掛けの机は、できるだけ2名で利用できるように調整したいものです。

そうなると、〝最大〟収容人数は24名でも、3名掛け机が8台だと、〝理想〟収容人数は2名×8台で16名です。ほかにも、セミナーによっては、プロジェクターの設置場所や、受付、配布する資料置き場、書籍の販売スペース、荷物置き場等を確保する必要もあるでしょう。それで1台の机を使うとすると、収容理想人数はさらに減って14名です。これが、セミナー会場選びの基本的な考え方です。

机の配置は会場選びの段階で考える

また、会場選びではセミナー開催時の机の配置方法によっても、理想的な広さが違ってきます。

机の配置は、主に「スクール型」と「島型」があります。スクール型は、その名のとおり、学校のようにすべての机・椅子が、正面を向いているレイアウトです。またの名を「講演型」と言います。一方、島型では、4、5名程度の参加者がグループとなり、お互いに向き合うよう机と椅子を配置します。

どちらのタイプがいいかは、参加者同士に話してもらうグループワークの回数や時間の長さによります。ワークがなく、講師が一方的に話すタイプのセミナーには、スクール型がおすすめです。

ワークを複数回取り入れる場合には、参加者同士が話しやすいように、事前に島型の机配置にしておきましょう。スクール型でワークをする場合、1列目や3列目の人が、何度も後ろを向くことになります。ただ振り向くだけならともかく、ノートや資料が多いときには少々面倒です。

ただし、**島型の机配置はスクール型よりもスペースを必要とします**。参加者が20名以上になる場合などは、最大収容人数が28名以上の会場でないと、島形にはできないこともあります。事前に会場の広さと机の形をしっかり確認する必要があります。

「大」は「小」を兼ねない

ここまで読んで、では「安く借りられるのなら、できるだけ大きな会場を借りたほうがいいのか」というと、必ずしもそうではないのが会場選びの難しいところです。参加人数に対してあまりにも広い会場だと、「不人気のセミナーなのだろうか」と、参加者は不安を感じます。

どうしても広い会場になってしまう場合や、想定していたほど集客ができなかったときなどは、使わない机を脇によけるか、ついたてや追加のホワイトボードを用意するなど、工夫できる余地がないか確認しましょう。

「ぎゅうぎゅうだと息苦しく、スカスカだと不安になる」。**空間から自然と受けとるこの感覚は、参加者の満足度にも影響してきます。**

そうはいっても、いつも理想どおりの会場を借りることは難しいでしょう。コストとの兼ね合いで最初はキャパシティが数名程度の場所からスタートすることもあるでしょうし、会場の机や椅子が固定されていて動かせないこともあるでしょう。そもそも講師として招待された場合には、会場選びにはまったく関与できないときもあります。

それでも、「会場のセッティングで何か要望はありますか？」と聞かれたときには、これらの基本の考え方を覚えておけば、「講師としての理想」を伝えることはできます。

一流の講師は、どんな会場でも柔軟に対応ができます。最初は難しくても、ある程度慣れてきたら「想定より多い人数」「いつもとは違う机・椅子のセッティング」など、いろいろなパターンで試してみるといいでしょう。

穴場は「公共施設」

会場選びの穴場は、「公共施設」です。生涯学習センターや公民館、図書館など、無料または格安で借りられる場合があります。

特に地方開催の場合や、地域住民を対象としたカルチャー系セミナーの場合は、ターゲット地域の公共施設を探してみるのも一つの手です。

私の地元、名古屋だと、地下鉄東山線・名城線の栄駅から徒歩7分の場所にある「青少年文化センター（アートピア）」は、料金も安く建物もきれいでおすすめです。

公共施設の情報は、「貸し会議室」「レンタルスペース」などの検索ワードでは、直接ヒットしないケースも多いので、市区町村のホームページをチェックしてみましょう。

ただし、公共施設の中には、「地元住民しか借りられない」などの制限がある場合もあります。利用できたとしても、2～3カ月前に直接現地で申し込む必要があったり、申し込みの抽選結果がわかるまでに時間がかかったりすることもあるので、使い勝手が良いところばかりではありません。

設備に関しても、ホームページ上では詳しくチェックできないケースも多いので、気になる施設があれば直接電話で確認してみましょう。

「意外な場所」が格安で借りられることも

公には場所貸しをしていなくても、ダメもとで相談してみると、良心的な価格で場所を貸してくれるケースもあります。たとえば学校の教室や、付き合いのある企業の会議室などです。

私は、マインドマップアドバイザーの資格を取得するために通学していたスクールに相談したことがあります。10名くらいが入れる教室で、ホワイトボードなどの設備もあり、セミナー開催には申し分ない環境だったのです。

「外部の人間が教室を借りられるわけはない」と思いながらも、事務局の人に相談してみたところ、名古屋駅前の**貸し会議室の相場よりも5割ほど安く**借りることができました。

講師デビューしてから2年ほどは、マインドマップや読書術の勉強会やセミナー開催などで利用させてもらいました。

おかげで、赤字におちいることなく、講師の経験を積むことができました。

ほかにも、その企業の従業員が一人以上参加することを条件に、企業の会議室を無料で利用させてもらったこともあります。

「この場所を勉強会の開催のために、3時間お借りすることはできませんか?」と聞くのはタダです。自分が参加したセミナーの開催場所などで、気に入った会場があれば、どんどん聞いてみましょう。

ほかの講師に差をつけるツール「ワンアイテム」をあなどるな

セミナー講師は「体一つ」で務まるのか

セミナー講師の仕事は、突き詰めれば体一つで成り立つ商売です。

実際、パソコンも資料も用意せず、体一つで演台に立つ講師もごくまれにいます。しかし、それはごく一部の講師だけです。ほとんどの講師は、参加者によりわかりやすい講座にしようとパワーポイントで資料を用意したり、さまざまなアイテムを活用したりするなどの工夫をしています。

私は完全に後者です。

自分が参加者として参加するセミナーで気になる小道具があれば、すぐに購入して取り入れてみます。また、私は家電アドバイザーの公式ライセンスを持つほど、家電やパソコンなどの機械類が大好きです。新しい便利なツールに出会うと、ワクワクしてつい購入してしまいます。

この項では、そんな私から、ちょっとしたパソコンテクニックや、ほかの講師仲間からも「買ってよかった」の呼び声が高いツール類の選び方、私のお気に入りツールなどを紹介します。

プロジェクターとスクリーン

ビジネス系のセミナー講師を本格的に目指す人が最初に悩むのは、プロジェクターの購入でしょうか。プロジェクターがあれば、モニターがない会議室でも、パワーポイント資料を正面のスクリーンやホワイトボードに映し出すことができます。

結論から言えば、今後本格的に講師業に参入する人や、月に1度以上レンタルする可能性がある人は、思い切って購入することをおすすめします。貸し会議室などで、プロジェクターのレンタル費用は1回3000円~6000円です。あくまでも個人的な印象ですが、会議室の利用料金が安いところほど、プロジェクターのレンタル料金が高い傾向にあるようです。

ですから、プロジェクターを持っていれば会場費用を抑えることもできますし、「プロジェクターレンタルあり」の会議室以外からも会場を選べるので、選択肢がぐっと増えます。

私が講師デビューした2010年当時、モバイルプロジェクターの価格は7～8万円でした。それが現在では、3万円台でもコンパクトで高性能な機種が出てきました。年々、小型化・軽量化も進み、持ち運びも楽になっています。

セミナーで使用する**プロジェクターは、「明るさ」がポイント**です。購入時には、明るさを示すルーメンが、2000ルーメン以上あるものを選びましょう。会場の電気をいち消さなくても、映像が見える明るさの目安です。

私が愛用しているプロジェクターは、5年前に約4万7000円で購入したもので、明るさは2200ルーメンです。最近では3万円台でも3000ルーメンのものもあります。

恥ずかしい話ですが、私は講師デビュー当時、プロジェクターの値段が高いからと、友人にホームシアター用のプロジェクターを譲ってもらい使用していました。当時で、すでに15年ほど昔のもの。映像が暗すぎて、全く使いものになりませんでした。

いまでも企業研修などでプロジェクターを企業側に用意していただくことはありますが、やはり古いものだと暗くて解像度が低いなあと感じてしまいます。ですから、場合によっては用意していただける場合でも、自分のプロジェクターを持っていくこともあります（ちなみに、企業研修でもまれに企業側にプロジェクターの用意がないこともあるので、事前に設備の確認をしましょう）。

購入するなら、できればＨＤＭＩ端子とＶＧＡ端子の両方の端子が付いているプロジェクターがおすすめです。最新の薄型モバイルパソコンは、ＶＧＡ端子がなくＨＤＭＩ端子対応のものがほとんどです。ですから、自分のパソコンとの相性だけを考えれば、ＨＤＭＩ端子が付いていれば十分なのですが、主催者やほかの講師が、ＶＧＡ端子しかないパソコンをプロジェクターにつなげるケースがあるからです。

「明るさ２０００ルーメン以上、端子はＨＤＭＩとＶＧＡの両方が付いたものがよい」と覚えておいてください。

では、スクリーンはどうでしょう。

スクリーンは基本的に購入しなくても大丈夫だと考えています。私も持っていませんし、なくて困ったことは、これまでほとんどありません。

スクリーンがなければ白い壁やホワイトボードに映し出すだけで十分です。ホワイトボードに何か書きたいときは、一時的にプロジェクターを切ればいいだけです。

ただし、1万円以上の高額セミナーを行なうときや本業のビジネスにつなげたいときに、ホワイトボードがない会場であれば、別途スクリーンのレンタルも検討しましょう。設備をケチっている印象を与えてしまうのはよくありません。

自立式のスクリーンは、探せば60インチで1泊2日1500円〜、100インチで3000円〜であります。

パソコンの接続&設定の注意点

プロジェクターに接続する場合は、パソコンとプロジェクターをつなぐ3メートル以上のVGAケーブルとHDMIケーブルの2つを持参しておくと、接続に困ることがなくなります。

自分でプロジェクターを持参する場合は、会場によって、パソコンとプロジェクターを離れて設置しなければいけないときがあります。

過去、持参したケーブルが短いせいで、セミナー中にパソコン画面を見ることができず、途中で頭が真っ白になってしまったことがあります。それ以来、「ケーブルは3メートル以上のものを持参」が、マイルールです。

プロジェクターを現地で借りる場合、VGA端子がないパソコンを持参するときは、VGA用の変換アダプターも必須です。貸し会議室や企業で借りるプロジェクターの端子は、VGA端子が圧倒的に多いです。

ケーブルやコード類は、誰のものかわかりにくくなりがちなので、自分のケーブルにはシールなどでわかりやすい目印を付けておきましょう。

そして本番開始直前に慌てないように、セミナー会場についたら、まずパソコンとプロジェクターの接続チェックを行ないます。

「拡張」機能を使いこなせ

パソコンとプロジェクターを接続できたら、スクリーンに表示される画面を、パソコン画面の「複製」ではなく、「拡張」にしておくと便利です。

設定方法は、Ｗｉｎｄｏｗｓの場合、「Ｗｉｎｄｏｗｓマーク＋Ｐ」を押すと、パソコン画面上に「ＰＣ画面のみ」「複製」「拡張」「セカンドスクリーンのみ」の４つの選択が出てきます。

ＰＣ画面のみ：パソコン画面にしか映らず、スクリーン（プロジェクター）には信号が出ない
複製：パソコン画面とスクリーンに同じ画面が表示される
拡張：パソコン画面とスクリーンで別々の表示が可能
セカンドスクリーンのみ：スクリーンだけに映る

Ｍａｃだと、「Ａｐｐｌｅメニュー」から「システム環境設定」→「ディスプレイ」→「調整」とクリックします。そこで「ディスプレイをミラーリング」にチェックが入っていたら外してください。

Ｗｉｎｄｏｗｓ、Ｍａｃともに、うまくいかないときは、「マルチディスプレイ」「マルチモニター」などのキーワードとＯＳ名やパソコン機種名で検索してみてください。

通常だとパソコンとプロジェクターを接続しただけでは、スクリーンに表示される画面はパソコン画面の「複製」になるようです。実際、セミナー講師でも「複製」でやっている人がたくさんいます。

ですが、**断然おすすめなのは「拡張」**です。

「複製」では、すべての作業がスクリーンに表示されます。

セミナー中、スクリーンにメール着信のポップアップが表示され、差出人の名前や件名が見えてしまい、講師が慌てて接続を切る光景を見たことがあります。

設定を「拡張」にしておけば、そういったリスクも避けることができます。

セミナー中の私のやり方は、次のとおりです。

「拡張」機能で、スクリーンにはパワーポイント資料をスライドショーで表示。手元のパソコン画面では、シナリオの自分用メモを開き、インターネット検索もすぐにできるようにしています。そうすれば、参考になるネット記事をパソコン画面上で検索して、参加者たちが見えるスクリーンに移動させるのも簡単です。

パワーポイント資料に、日付や誤字脱字などの訂正があったときには、スライドショーをいったん終了して、手元のパソコン画面のほうでささっと修正します。そうすれば、スクリーンに修正作業の途中経過は映し出されません。

当日の進行状況や参加者の反応を見て、スライドを入れ替えることもよくあります。慣れてしまえば、そう難しいことではありません。

企業研修に行くと、私が瞬間的にスライド資料を訂正したり、順番を入れ替えたりするさまを見て、やり方を聞きに来る人も少なくありません。特に、自分でプレゼンする機会も多い役員や部長クラスの方々からよく聞かれます（ところでセミナーの質疑応答の時間は、本当に予想もしない角度の質問が飛んでくることも多々あります。その事前対策や対応方法は第5章で詳しく説明します）。

セミナー中に「複製」画面だと、なにか作業する必要があるたびに、いちいちケーブル接続を切断したり、プロジェクターをオフにしたりするのは面倒です。セミナーを頻繁に開催する人でも、「複製」派の人も多いので、見かけるたびに、もったいないなあと感じてしまいます。

ディスプレイの設定を「拡張」にする。たったこれだけの違いでも、セミナー中の動作がぐっと洗練されます。ぜひ、お試しください。

おすすめのポインター

パワーポイントのスライドショーを使う人は、レーザーポインターも必須アイテムです。自分がどこの説明をしているか、指し示すのにポインターがあると便利です。「今はここを見てくださいね」としっかりと伝えられるので、講師だけでなくプレゼンターにも人気アイテムです。

初期のレーザーポインターでは、ライトは暗めの赤色しかありませんでした。それでもアナログの伸長式ポインターに比べれば、会場の広さに関係なく使用できる便利さがあり、あっという間に人気になりました。

今では、ポインターのライトも、かなり明るい赤色になりました。赤色よりも見えやすい緑色のポインターも登場しています。さらに最新のものだと、スクリーン上でフォーカスしたいエリアのハイライトや拡大できるなど、マルチ機能を備えたポインターも登場しています。

講師やプレゼンターに特に人気なのは、やはり**パワーポイントの操作ができるポインター**です。スライドやアニメーションを手元のポインターで操作できるようになったことで、講師はパソコンの前に張りついている必要がなくなりました。セミナーに一気に「動き」を付けることができるようになったのです。

いまでも講師の中にはパソコンの前から一歩も動かず、淡々とリターンキーを押している人もいます。そんな動きのない単調なセミナーでは、どうしても参加者が眠くなりがちです。特に研修タイプのセミナーなどでは、参加者を飽きさせないように、講師が教室内を歩き回りながら話したほうが効果的です。

高機能なポインターの価格は高いですが、そう頻繁に買い換えるものでもありません。

少し奮発して、明るいライトで高機能かつ操作性のよいものを選びましょう。

ホワイトボード用マーカーは必ず持参

会場にホワイトボードがある場合、黒、青、赤など、最低でも2、3色のマーカーが用意されています。私はどんな会場でも、**セミナー開始前に、すべてのペンをホワイトボードに書いてチェック**します。

有料のセミナールームであれば、マーカーのインク残量はきちんとチェックされていることがほとんどです。インクが薄い、切れているということは、それほどありません。

ところが、企業研修などで、呼ばれて行った先の企業会議室やセミナールームでは、インクが薄いことや切れていることも日常茶飯事です。あっても黒一色しかなかったり、後ろの席には見えにくい細いマーカーしかなかったりすると、参加者に申し訳なさを感じます。

さらにホワイトボードを消すイレーザーが、劣化しすぎて使い物にならないこともあります。

セミナー会場の人が受付などにいれば、新しいマーカーをすぐに用意してくれることもあります。しかし、平日の夜や土日祝日には、受付に人がいないことも多いです。そもそも、受付がないセミナールームもめずらしくはありません。

いつのころからか、私は、必ずマーカーの黒、赤、青、緑の4色と、イレーザーを持ち歩くようになりました。4色とは言わずとも黒、赤くらいは持ち歩きたいものです。

メリハリが生まれる小道具たち

私は、セミナー講師は究極のサービス業だと考えています。お客様である参加者の満足度を高めるために、そして一つでもより多い学びや気づきを持ち帰ってもらうために、できる限りの演出を行ないたいのです。

神は細部に宿るといいます。少しでも参加者にとってプラスに働くなら、**ちょっとした小道具や遊び道具を使って演出**をしましょう。

第2章でお伝えした、参加者の緊張を解きほぐすアイスブレイクや、参加者同士でより深い話をしてもらうためのブレインストーミングで使えるアイテムを、ここで紹介します。

ほとんどの商品はアマゾンや通販で購入できます。

紹介する使い方は、ほんの一例です。アイデア次第でどんどん膨らませることができるので、気になるアイテムがあればぜひ検索してみてください。

クッシュボール

天然ゴムでできた手のひらサイズのボールです。カラフルでウニのような見た目です。握る力の強さによって、フサフサだったりグニュッとしたり、不思議な触感です。握っているうちに、不思議とリラックスできます。

「クッシュボールを渡された人は、何か発言・発表しなければならない。発言するときはクッシュボールを握ったまま話す。発言が終わったら次の人に投げて渡す」とルールを決めておくと、参加者の発言がスムーズに引き出せます。いつ発表するかわからない緊張感と遊び心が味わえて、場の雰囲気が和みます。

カタルタ

発想力を高め、コミュニケーションを豊かにするためのカードです。考えを具体化する・抽象化する、話を広げる・深める等の基準で言葉を選び、トランプを模してカード化してあります。
カードをめくると、「たとえば」「というと」「しかし」「じつは」などの接続詞や副詞が書かれています。話の途中にカードをめくり、出てくる言葉に沿って話の展開を変えます。思わぬ単語が飛び出すと、話が深くなり盛り上がります。

http://www.kataruta.com/

ローリーズ・ストーリー・キューブス

さまざまなイラストが描いてある9つのストーリー・キューブを振って、即興ストーリーの創作を楽しむサイコロゲームです。発想力や想像力を鍛えたいとき、視点を変えたいとき、緊張を和らげたいときなどに使えます。

http://www.rorysstorycubes-japan.com/

アンゲーム（ポケットサイズ）

カードに書かれている質問に答えていくゲームです。140問の質問カードにはプレーヤーの気持ちや、好み、価値観を問う質問などが書かれています。質問には隠された秘密があり、プレーヤー同士の相互理解を助けます。質問の幅が広がる分、回答の幅も広がり、自己理解と相互理解が深まるゲームです。

http://www.saccess55.co.jp/kobetu/detail/ungame.html

エナジーチャイム

小型の木琴のようなチャイムです。「チーン」と、余韻を残すとても心地のよい音色です。参加者同士のワークが盛り上がると、終了時間になっても話に夢中で、講師の「終了です」の声が届きません。

大きな音が出る卓上ベルのように、近くの人をびっくりさせることなく、心地よい音色で合図できます。「特別感」の演出にもおすすめです。

音楽

セミナー開始前や休憩中、アンケートを書いてもらうときなどに、音楽をかけるのもおすすめです。場の空気が和みます。私は、ジャズやボサノバなどの音楽を好んでよくかけています。歌詞がないものや日本語ではないもののほうがおすすめです。

休憩中には緩やかなスローテンポの曲をかけて、開始1分前になるとアップテンポの曲に切り替えると気分が盛り上がります。ワークが多いセミナーには特におすすめです。

「リハーサル」で自信をつける

会場で本番同様のリハーサルを行なう

慣れないうちは、リハーサルを何度も行なうことがとても大切です。

事前のリハーサルは、必ず行ないましょう。間違ってもぶっつけ本番で挑むようなことはしないでください。

リハーサルを行なうときは、本番同様に立って目の前に参加者たちがいる様子を思い浮かべながら練習してください。座ったままでは、ただシナリオを読みあげる感じになってしまいます。

ちなみに、私はセミナー本番では、基本的にずっと立って話しています。勉強会形式のセミナーなどでは座るときもありますが、座るとついつい肘をつくなど、だらけた姿勢になりやすいのです。立っているほうが、シャキッとした姿勢を保ちやすくなります。

リハーサルでは、**本番当日に向けたタイムキーピングの練習も大切**です。

「人が聞き取りやすいのは、1分間に300字程度」を意識しながら、時計を測り、話すスピードも本番同様であることを意識してください。

実際にやってみると、想像以上にゆっくりとしたスピードだと思うはずです。このスピードを体で覚えてください。

リハーサルを行なうことで、シナリオの改善ポイントが自然と見えてきます。

声に出すときに、つかえやすいところは、必ず何かしら改善の余地があります。

実は自分がしっかり理解しきれていないところは、必ずつかえます。あるいは棒読みになりがちです。

学校での勉強を思い出してください。

問題集の解答を見て理解できたつもりになっていても、いざ自分で解いたり人に教えたりすると、途中でつかえることはありませんでしたか？

自分がちゃんと理解できていないところで、つかえたはずです。

シナリオでつかえてしまうのも、同じ原理です。

書籍やインターネットで得た情報を継ぎはぎしたシナリオでは、説得力はありません。**ちゃんと「自分の言葉」で説明ができるレベルまで、腹落ちさせないといけない**のです。言い慣れない言葉でつかえるのであれば、言葉を言い換えるか、口になじむまで何度も声に出してください。

文章で考えているときは筋が通っているように思えていても、いざ声に出してみると論理的でない箇所もすぐにわかります。話す順番も「このエピソードより、こっちが先」というような順番の入れ替えもあります。

シナリオは「完成した！」と思っていても、時間がたてば必ず改善点が見えてきます。アップル創業者のスティーブ・ジョブズは、ｉＰｈｏｎｅを初披露するプレゼンテーションを行なうとき、事前に延べ数百時間、１００回以上の練習を繰り返し、前日には2回、フルの通しでリハーサルを行なったといいます。

「プレゼンの天才」と言われたスティーブ・ジョブズでさえ、これだけの練習をしていたのです。

リハーサルを繰り返すほど、シナリオは磨かれ話し方もうまくなります。本気でうまくなりたいならとにかく練習あるのみです。

本番前に100回とは言いませんが、最低でも全編の通しリハーサルを2回、できれば3回は行なってください。各パートでつかえやすい箇所は、その都度個別に練習しましょう。

本番同様にやっておく

リハーサルの効果は、本番同様の環境を整えることでより高まります。**できれば、一度は本番同様の環境でリハーサルを行ないましょう。**

会場も、できれば一度は本番と同じ会場を借りましょう。難しければ、もっと安い会場でも構いません。

実際に、パソコンとプロジェクターを接続し投影する。机に参加者がいることを想像しながら話す。ホワイトボードにも随時書きながら話す。このとき味わえる雰囲気は、自宅で練習しているときとはまったく違います。

これを事前にやっておくと、本番でも緊張しにくくなります。

私は、最初のころはリハーサルを行なうために、名古屋の「イーブルなごや（旧つながれっとNAGOYA）」をよく借りていました。この施設は、参加費を徴収する営利目的で借りることはできないのですが、自分で練習したり人に見てもらったりするリハーサルには、会場代が安くお手頃でした。

一人で練習していると、たまに施設の人や別の講座に参加した人たちが、通りすがりに覗いていくこともあり気恥ずかしい思いもしましたが、それもほどよい緊張感となりました。

公共施設の中には「イーブルなごや」のように、リハーサルでは安く借りられるものがありますので、探してみてください。

服装も、できるだけ本番同様で挑みましょう。

スーツを着慣れていない男性が、セミナー当日に新調したスーツと革靴を身につけたら、〝服負け〟してしまった話を聞いたことがあります。服と講師の雰囲気がマッチせず、服だけ浮いてしまったのです。

女性は、ワンピースタイプのスカートだと、ホワイトボードにメモを書くとき、スカートの裾が思いのほか上がってしまった、裾がひらひらして動くときに気になった、と聞いたことがあります。

女性の場合、服装だけでなくハイヒールを履いて立ち続けた感覚も、事前に確認しておいたほうがいいです。普段高いヒールを履きなれている人でも、やはり2時間立ちっぱなしだと、足への負担は相当なものだといいます（セミナー開始直前に低めのヒールに履き替える人もいました）。

こういった不測の事態を防ぐためにも、一度、自宅外の会場で、髪型から服装、靴、持ち物など、本番同様にリハーサルを行なうことをおすすめします。

動画に撮って確認する

リハーサルは、ただ漫然と行なうだけでは効果が半減します。

どこか改善できる箇所はないか、繰り返しチェックしていくことで、シナリオに磨きがかかり、あなたの話し方もうまくなります。

チェックする方法は、2つあります。

一つは、ビデオにとって自分でチェックすること。もう一つは、第三者にチェックしてもらうことです。

ある程度シナリオが完成したら、一度ビデオ撮影をしてみましょう。ビデオ機材がなければ、スマートフォンの動画撮影でも構いません。

自分でチェックするときは、「メラビアンの法則」を意識しましょう。

メラビアンの法則とは、人の第一印象を左右するのは、見た目や表情、身振り手振りなどの「視覚情報」が55%、声の高低、話すテンポ、声の大きさなどの「聴覚情報」が38%、話の内容等の「言語情報」が7%というものです。

これは、「話している内容は全体の7%しか大事ではない」ということではありません。「話している言葉と、それ以外の聞こえる・見える情報に相違・矛盾があるときに、どの情報をより信じるか」ということです。

つまり、シナリオがどれだけ立派でも、あなたがおどおどと自信なさそうに話していたり、もしくは早口で神経質な感じだったりすると、シナリオに説得力を持たせることはできないのです。

表情は、目力のある笑顔が基本です。身振り手振りなどは、最初のうちはそれほど意識しなくても大丈夫です。身振り手振りはある程度大きく動かさないと、それほど意味はありません。やり慣れていない人が無理に欧米式のジェスチャーをまねしようとしても、逆にぎこちなさが目立ってしまいます。

声は下腹部に力を入れ、張りのある大きな声を目指します。自信がないと、小さくぼそぼそ話すようになってしまうので、気をつけてください。

声のトーンは、男性は低くなりすぎないよう、女性は高くなりすぎないように気をつけます。

ビデオ撮影は、状況が許す限りリハーサルだけでなく本番でも行なう癖をつけましょう。撮影することによって、客観的に自分の姿を確認することができます。

撮影することによって、言葉の言い回しが悪い、わかりにくい、説明が下手、人を引きつけるような話し方ではない、などがわかります。

ただし、「自分の視点」でしか確認ができないと、自分が悪いと認識できない点は直しようがありません。

家族や友人などの第三者にチェックしてもらうことによって、さらに客観的に良し悪しをチェックすることができます。

いちばん良いのは、実際にリハーサルを「参加者」として家族や友人に聞いてもらい、その場で意見をもらうことです。私も講師デビューしたてのころは、友人をセミナー会場に呼び、本番さながらの講義を聞いてもらいました。立ち位置、しゃべり方、目線、話が聞きやすいか、意味がわかったか、面白かったかなどを、フィードバックしてもらいました。

家族も率直な意見を伝えてくれます。

昔は、妻にも練習をたくさん聞いてもらいました。「話している声が単調」「声が小さくてよく聞こえない」など、ずばずばとたくさんの指摘くれました。

子どもは、そもそも面白くなければ、最後まで聞いてもくれません。

リピーター・ファン作りのセミナー講師として人気を誇る「エンイチ」こと一圓克彦さんは、セミナー開催時には、**毎回必ず録音**し、帰りの移動時間で音源を確認、「次はこうしよう」と**改善を繰り返されている**そうです。

人気講師と呼ばれる人たちほど、必ずこういった地道な努力をしています。

特に、動画撮影や終了後のアンケートをチェックして改善を繰り返す作業は、ベテランの人気講師ほど必ず行なっています。これからセミナー講師を始める人は、動画に撮ってチェックする癖を最初から習慣づけてしまいましょう。

失敗点をノートにまとめる

リハーサルで気がついた**改善点や、第三者に指摘してもらった点は、必ずノートに記録**しましょう。

これも動画撮影と同様に、リハーサルだけでなく経験を積んでからも必ず続けてほしい習慣です。

練習で友人や家族から指摘されたこと、セミナー本番で参加者にアンケートで指摘されたこと、呼ばれる講師になってから主催者に指摘されたことなど、どんどんノートに書きためていくのです。

これらの指摘を一つずつ直していくことで、講師としての実力が上がっていきます。

「講師ノート」と名づけた私のノートには、実際の参加者の声や、ベテラン講師のフィードバックもたくさんメモされています。

「自信がないときに声が小さくなる」「前方の参加者ばかり見て、後方を見ていない」「自己紹介が長すぎる」「声が単調でメリハリがない」「講師が内容を理解していないように感じる」など、シビアな意見もたくさん含まれています。

なかには、繰り返し指摘を受けているものもあります。人間には気をつけていても、ついつい出てしまう悪い癖があります。

そこで、**どのようなときに他人に指摘された癖が出るのかを徹底的に考えました。**

すると、どうもゲスト講師として招かれ、開始時刻ぎりぎりに講義室に呼ばれるときに、悪い癖が出やすいことにも気がつきました。

第5章で紹介する開始前の「儀式」をするようになったのも、そのためです。**悪い癖を直すだけでなく、そのような場面になるのを事前に防ぐ**ことで、セミナーの参加者満足度は安定してきます。

「講師ノート」は、書くだけでなく定期的に見直します。

私の場合は、定期的な見直しに加え、新しいテーマのセミナーに初めて挑むときや、これまでお付き合いのない主催者に初めて呼ばれるときなどは、必ず見直して同じ失敗を繰り返さないよう気をつけています（「初めて」のときは、何かと緊張してミスをしやすいのです）。

ノートをつけるメリットは、実はもう一つあります。

講師デビュー当初のメモを見返すと、自分の成長ぶりを少し誇らしく感じることができるのです。何かに失敗して気持ちが落ち込んだときなどに見返すと、「昔はこんなにひどかったけど、今はここまで成長している」と自信を持つことができます。

リハーサルの段階から、ぜひノートへの記録を習慣にしてください

第4章

「集客」は今日から始める

セミナー告知のタイミング

会場が決まったら、次は「集客」です。

Facebookや個人ブログ、個人WEBサイトによる募集、または「こくちーずプロ」(http://kokuchpro.com/)などのセミナー告知サイトを使って募集しましょう。

告知の開始時期は、開催日から45日前がベストです。

「45日前だと早すぎるのでは?」という声もあるかもしれません。

実際、45日前に告知しても、申し込みが増えるのは2週間前からです。ですから告知直後に、あまり反応がなくても落ち込む必要はありません。

「実際に申し込みが増えるのが2週間前なら、30日前の告知でも十分では?」と思う人もいるでしょう。

実際、私もそう思い、30日前に告知したこともあります。

ところが、定期的に開催するセミナーでも、30日前告知だと明らかに集客率が下がるのです。おそらくですが、申し込むか否かを考える時間が足りないのでしょう。

「セミナー告知は45日前スタート」がベスト。これは、経験上の数字です。45日前より早くても構いませんが、集客効果にそれほど差はありません。

参加者がセミナーに申し込むまでには、①**セミナーを知る**、②**もう一度見て考える**、③**申し込む**、の3段階のステップがあります。

あなたがこれまで参加したセミナーを思い出してみてください。告知を見た瞬間に申し込んだものはどれくらいありましたか？

よほど興味のある内容や、人気の高そうなセミナーを除き、見た瞬間に申し込むことは、少ないのではないでしょうか。2度、3度とセミナーの案内を繰り返し見るうちに、気になって申し込むのがほとんどだと思います。

「興味はあるけど、まだスケジュールがわからない」
「予定が空いていたら行きたい」

最初に知ってもらうときは、このように受け止めてもらえれば十分です。マメな人だと、スケジュール帳に「仮」と書いておいてくれる人もいるかもしれません。

45日前、30日前、2週間前、1週間前と、告知はしつこくならない程度に何度か繰り返し行ないます。申し込みが増えるのは、だいたい2週間前からです。

もちろん、セミナー講師やプレゼンターの知名度が高く集客力が高い場合には、この限りではありません。また、友人・知人らを想定した勉強会のようなものであれば、30日前や2週間前の告知で十分なときもあります。

あくまでも、一般の参加者を広く募集するセミナーでは、「45日前に告知開始」と覚えておいてください。

セミナー告知時に必要な8つの情報

セミナーを告知するときには、次の8つの情報を盛り込みましょう。

①タイトル

わかりやすく、一目で見て内容がイメージできるようなタイトルにします。

いちばん目立つ部分ですので、工夫が必要です。

②セミナー内容

「セミナーや講座の説明」「セミナーの特徴」「どのような効果があるか?」「セミナー受講後、どうなっているか?」など、セミナーの内容はできるだけ詳しく書きましょう。

内容とともに、概要、目次のようなものを載せると、より親切です。

私が開催する「セミナー講師養成講座」の場合、講座の説明は次のように記載しています。

1. 講師ビジネスが稼ぎやすい3つの理由
2. あなたが目指すべき講師タイプがわかる
3. 講師ビジネスとライフワークの密接な関連性
4. 講師として活躍する9つの道
5. 出版を実現させ、さらに講師ビジネスを加速させる方法
6. ベストセラー著者になる秘訣
7. 仕事の依頼が絶えない講師になる、たった1つの秘訣

③対象者

「どのような人を対象としているか」を書きます。

コーチ、カウンセラー向けなど、特定の職業を想定している場合は必ず明記します。初級者向け、中級者向けなどのレベル感。「○○で困っている人」などのように、セミナーで解決できる悩みを具体的に書くのもよいです。

初心者向けで多くの人を対象にしているのであれば、「興味がある人であれば、どなたでも」という感じにしましょう。

職業を限定しない場合や、むしろは幅広い職業の人に申し込んでもらいたいときは、過去、実際に参加された方々の職業を記載するのもおすすめです。

④参加者からの評判の声

アンケートなどに書いてもらった参加者の声は、ぜひ掲載しましょう。匿名よりも、できれば、実名（もしくはイニシャル）、職業、性別、年齢なども記載したほうが、信憑性は増します。

ただし、無断転載はNGです。アンケートを記載してもらうときには、必ず「氏名、職業などを含め転載可」「匿名なら転載可」などの確認を取りましょう。

⑤講師プロフィール

セミナー内容に関係がある実績や資格などを載せます。あなたがこのセミナーを教えるに足る人物か、参加者がしっかりチェックする箇所です。

⑥講師の写真

個人主催セミナーの場合、講師の顔写真があるほうが参加者は安心できます。顔写真は、原則載せてください。

写真は、できればプロのカメラマンに撮影してもらいましょう。撮影料金は、数万円程度です。企業から「呼ばれる講師」を目指すなら、プロが撮影したプロフィール社員はマストです。初期投資だと思って、早めに撮影してもらうことをおすすめします。

⑦セミナーに関連した写真

当日のセミナー風景をイメージできる写真を2、3枚アップすると、セミナー内容がイメージしやすくなります。視覚に訴えるために、写真を掲載しましょう。

たとえば、私が開催するマインドマップ講座であれば、完成したマインドマップの実物の写真を載せています。料理やフラワーアートなどを作るワークショップセミナーであれば、完成図の写真が必要です。

ビジネス系セミナーの場合で、「特にない」という場合は、ホワイトボードの前で、あなたが教えている様子、グループワークで参加者同士が話す様子（顔は映らないように）などの写真でも構いません。

⑧開催情報（日程、開場・開始・終了時間、参加費、会場住所・会場名、会場へのアクセス方法、定員、持ち物）

開催情報は、できるだけ丁寧に記載します。時間は、開場・開始時間だけでなく、終了時間も必ず明記しましょう。

持ち物は、「必要なもの」だけでなく、持ち込んではいけないものがあれば、それも明記します（「飲食はご遠慮ください」「飲み物はふた付きのものでお願いします」など）。

定員が記載してあると、何人ぐらいの規模のセミナーなのか、参加者が事前にわかるので、書いておく方が親切です。残席が少なくなってきたら、【残席○席】とタイトル冒頭に付け加えると、申し込みを躊躇している人の後押しになります。

会場の場所は、住所だけでなくアクセス方法や地図を提示します。

「タイトル」は集客に大きく影響

タイトルは、とても重要です。

セミナーに申し込んでもらうためには、まずはタイトルを見て、クリックしてもらわないといけません。

ターゲットとしている人々に、興味を持ってもらえる言葉が必要です。

クリックされやすいタイトルには、いくつかの法則があります。集客力が高いセミナーは、その法則の組み合わせになっているケースが多いです。

自分に関係があると思わせる

人は「自分には関係がない」と思う情報を、クリックすることはありません。

第1章で考えたターゲットを思い浮かべながら、その人たちが「自分に関係がある」と思うキーワードは何かを考えます。

ターゲットは何に興味があるのか、何に困っているのか、何を解決したいのか。そこに関連するキーワードを盛り込みます。

具体的なメリットを入れる

セミナーに参加することによって得られる具体的なメリットを入れます。たとえば、「仕事がはかどる」「収入が増える」「○○が解決できる」「健康になる」「やせる」「成功する」などです。

感情に訴える

人は感情を揺さぶられると、つい反応するものです。「あなたの今の方法は間違っている」「なぜ、あなたは儲からないのか」「初めてでも大丈夫」など、感情に訴える言葉や、不安や不満を解消できる言葉をちりばめます。

方法（〜法）、手段、技術、コツ、条件、習慣、入門、講座、などの引き締めワード

これらは数字と組み合わせると効果が高いキーワードです。タイトルにこれらの言葉が入ると、全体がすっきりと引き締まって見えます。

数字を入れる

タイトルには、できるだけ具体的な数字を入れます。多い、たくさん、すごい、いつかなどの抽象的な表現はNGです。数字の中でも「3」や「7」は、特に人を引き付ける効果が高い数字です。意味は同じでも、「1カ月で○○ができる」よりも「30日で○○ができる」に言い換えます。

すべての要素を盛り込む必要はありませんが、いくつかの要素を組み合わせると、より人の目を引くタイトルになります。

たとえば、

「あがり症でも人前で上手に話す3つのコツ」
（自分に関係があると思わせる×具体的メリット×数字×引き締めワード）
「仕事が10倍速くなる速読術」（具体的なメリット×数字×引き締めワード）
「経理知識ゼロでも大丈夫！　確定申告を1日で終わる税務セミナー」
（自分に関係があると思わせる×数字×具体的メリット）

などです。

参加してほしいターゲット層が、ついクリックしてしまうようなタイトルを考えましょう。

タイトルの付け方で、勉強になるのは書店です。

1日200点もの新刊が発売される中、出版社では読者に手にとってもらうためのタイトル付けに、ものすごく力を入れています。

特に平積みされている本（売れ筋・人気の本）のタイトル付けは、勉強になります。

タイトル付けに迷ったら書店に行き、自分が開催するテーマに関連する本だけでなく、売れ筋のビジネス書、自己啓発書、健康本などのジャンルが違う本のタイトルもチェックしてみましょう。

自己プロフィールが、あなたのセールスをする

セミナー講師のプロフィールは、タイトル同様に重要なポイントです。

タイトルや内容に興味を持ったセミナーでも、**講師のプロフィールがいまひとつだと、それだけで集客率は一気に下がります。**

古代ギリシャの哲学者であるアリストテレスは、著書『弁論術』の中で、**人を動かすには、「ロゴス（論理）」「エトス（人柄・信頼）」「パトス（感情・共感）」の3要素が重要である、**と言っています。平たく言うと、

ロゴスは、言葉の力による説得、
エトスは、あなたの経歴・人柄による説得、
パトスは、感情に訴えかける説得です。
失敗談という感情を揺さぶる話を盛り込み、フレームワークにのっとったロジカルでわかりやすいシナリオを作っても、**「エトス（人柄・信頼）」が伴わなければ、人を動かすことは難しい**のです。

「この人が話す言葉なら聞きたい」


セミナーに申し込む段階で、参加者にこう思わせるプロフィールが必要です。

プロフィールに盛り込むべき要素は、「いかに、あなたがこのセミナーの講師としてふさわしいか」を説明できる要素です。

自分の**経験の中から、セミナーのテーマに関連した実績は何か、を考えます。**

営業ノウハウを語るセミナー講師は、営業未経験者よりもトップセールスの経験があるほうがふさわしい。

読書術のセミナーを開催するなら、年間に読む読書の冊数は多いほうがいい。

タイトル同様に、プロフィールにもできるだけ具体的な数字を盛り込みます。

実際に私のプロフィールを紹介します。「営業系セミナー」と「読書セミナー」で、冒頭の2行はほぼ同じ内容ですが、それ以降は各セミナーの内容に沿って、アピールポイントを変えています。

営業系セミナーでのプロフィール

ロールジョブ代表。法人営業コンサルタント／セミナー研修講師。

大学卒業後、電子部品メーカー、半導体商社など4社で、法人営業を経験。どの会社でも、必ず前年比150%以上の営業数字を達成。全国200名中売上1位、最高3億円／月の売上実績を持つなど、営業成績は常にトップクラス。お客様から「とても信頼できる営業マン」と言われ、絶大な信頼関係を築いてきた。

独立起業後、それまでの営業手法を体系化して、主に中小企業を中心とした法人営業研修・新規開拓営業・コミュニケーションなどの研修・セミナー講師として、5000人以上に指導してきた実績を持つ。年間登壇日数150日。講師実績として、一部上場飲料メーカー、重工業系メーカー、不動産管理会社などの大手企業から、一

T企業、部品メーカー、証券会社、リフォーム会社、エステサロン、福祉介護施設まで幅広く対応。著書に、『誰にも教えていない営業のウラ技』『選ばれるあなたになる！　1件でも多く勝ち取る成約術』（ごきげんビジネス出版）などがある。

読書セミナーでのプロフィール

ロールジョブ代表。セミナー研修講師。

大学卒業後、電子部品メーカー、半導体商社など4社で、法人営業を経験。どの会社でも、必ず前年比150％以上の営業数字を達成。200人中1位の売上実績を持つ。

独立起業を目指すなか、「成功者はみな読書家」というフレーズを見つけ、年間300冊以上の本を読むようになる。さまざまな速読法を学ぶうちに、誰でも身につけることができ、挫折しないための読書法「ゆる速　読書講座」を開発し、セミナー講師として独立。

そのほかにも、マインドマップ、記憶術などの能力開発セミナー講師、営業やコミュニケーション、コーチングなどの研修講師として5000人以上に指導してきた実績を持つ。

著書に、『読書が「知識」と「行動」に変わる本』『読んだ分だけ身につく　マインドマップ読書術』（明日香出版社）、『ビジネス本1000冊分の成功法則』（PHP研究所）、『年収を上げる読書術』（大和書房）、『格差社会を生き延びる〝読書〟という最強の武器』（アルファポリス）などがある。

営業系のセミナーは、企業研修に呼ばれることが多いため、**「どんな企業でセミナー・研修を実施してきたか」も大きなアピールポイント**の一つです。

近著もそれぞれ、テーマに即したものを書くようにしています。

「実績」がない場合のプロフィール

これからセミナー講師を始めようとする人の中には、これまでの経験とはまったく違う世界にチャレンジしようとする人もいるかもしれません。そういう人はプロフィールに書ける実績がないこともあるでしょう。

実績がないとプロフィールの見栄えも悪い、プロフィールの見栄えが悪いと、集客もできない、と悪循環になってしまいます。

そんなときには、ともかく「講師としての実績」を作りましょう。友人や知人を招待した格安セミナーを開催したり、もしくはリハーサル段階に無料で聞いてもらったりして、そこで受けた良いフィードバックをプロフィールに入れるのです。

たとえば私の場合、第1回目の読書セミナーに参加してくれた友人たちから言ってもらった、「毎日の通勤電車で本が1冊読めるようになった！」「本を読むスピードが2倍になった！」などの声を盛り込みました。


実績は、少しずつ増やしていくしかありません。


ちなみに、プロフィール作成を有料で行なってくれるサービスもあります。プロフィールは集客力に直結するとても大事な文章ですから、写真同様にプロの力を借りるのも、ひとつの手です。

いずれにしても、**プロフィールは「実績」が命です。**

一度作って終わり、ではなく、定期的に見直しが必要です。少しずつでも、集客力の高いプロフィールに育てていきましょう。

「申し込み」と「参加費の徴収」はシンプルに

タイトルやセミナー内容、あなたのプロフィールに興味を持ってくれた人が、セミナーに申し込もうとしたとき、**申し込み方法が面倒だと、そこで離脱してしまう**可能性があります。

あなたも興味があるセミナーや各種会員登録などで、入力を求められる情報が多く嫌になってしまった経験はありませんか?

申し込み時に参加者に求める情報は、可能な限りシンプルにしましょう。

最低限必要な情報は、名前と連絡先のメールアドレスだけです。私は万が一のときに連絡が取れるよう、電話番号の入力も求めていますが、個人開催でなければ外すこともあります。

住所や勤務先、誕生日など、セミナーに不要な個人情報を求めると、参加者の不安や不信感をあおるだけです。

ただ問題なのは、「申し込み方法をシンプルにしよう」として、セミナー当日に会場で集金しようとすると、直前や当日になってキャンセルする参加者が出てくることです。手伝ってくれる人がいればいいのですが、会場で一人で準備もやって参加費も徴収するのは、かなりの手間です。

それに、これから講師を務める人が金銭授受をする姿は、あまり印象の良いものではありません。

集金方法でおすすめなのは、銀行振り込みかカード決済、もしくはカード決済ができるセミナー告知サイトの利用です。

銀行振り込みもオンラインで簡単にできますが、慣れない人だと「銀行まで行って振り込み作業をする」という手間をかけさせてしまいます。**入金方法は、選択肢のあるほうが親切**です。

「申し込み順ではなく、入金が確認できた順に席を確保する」と案内しておけば、直前のキャンセルは少なくなります。

最近では、個人でも少額でもカード決済システムが利用できるようになりました。たとえば、ペイパルならアカウント開設費・月額手数料は無料、決済手数料はセミナー金額の3・6％＋40円だけです。

ただし、ペイパルで支払いの受け取りなどが利用できるビジネスアカウントを開設する場合、使用できるようになるまで日数を要する点に注意が必要です。

領収書の発行を求められた時も、これらのサービスを利用しておくと便利です。

銀行振り込みの場合には、振り込み時の明細を領収書として利用してもらえます。カード決済ができるサービスでは、必要な人はシステムから領収書の発行ができるようになっています。

どうしても、「現金を当日回収する」という場合には、領収書を事前に全員分用意しておくのも一つの手です。

セミナー告知サイトを活用しよう

定期的にセミナー開催を行なう人は、次のようなセミナー告知サイトの利用もおすすめです。

・こくちーずプロ（http://kokuchpro.com/）
・セミナー情報・ｃｏｍ（http://www.seminarjyoho.com/）
・セミナーズ（https://www.seminars.jp/）
・ストリートアカデミー（https://www.street-academy.com/）
・Ｐｅａｔｉｘ（http://peatix.com/）

など、セミナー講師には便利なサイトがたくさんあります。

セミナー告知サイトを使ういちばんのメリットは、参加者のリスト作成から入金管理、領収書の発行まで一元管理できることです。**事務的な手間が、大幅に軽減できます**。

サービス内でのセミナー告知もあるため、多少ではありますが集客効果も見込めます。

ただし、集客に関しては「あわよくば申し込みがある」ぐらいだと考えておいてください。


セミナー告知サービスは、次々に新しいものが生まれています。

「そのサイトを初めて利用する参加者」だと、住所やカード情報など、さまざまなデータを入力しなければならないサイトもあるので、まずは自分がユーザーとして利用してみて、使いやすさを見極めるとよいでしょう。

集まらないときは個別にアプローチ

公開告知だけで人が集まればよいのですが、それだけでは集まらないことももちろんあります。

そんなときには「あの人に参加してほしい」と思う人に、個別にメールを送りましょう。**個別メールの送信タイミングは3週間前がベスト**です。あまり早すぎてもスルーされてしまいますし、2週間前だとすでに予定が入っていることが多いからです。

私も今でこそ、個別メールを送らずとも集客できますが、以前はよく個別に案内を送っていました。

案内メールを送るときには、

・必ず、その人だけに向けたコメントを入れる
・「特別感」を出す（友人限定の割引など）
・開催日時やセミナーの内容を簡潔に伝え、長々と書きすぎない（200～300字を目

安に）

の3点を意識しましょう。

原則は、「個別にメールを送る」ですが、受講者が数十名を超えるような場合なら、宛先（TO）を自分のアドレスにして、BCCを利用した一斉送信メールでも構いません（ただし、いろいろな人から案内が届く今、一斉送信では効果がだいぶ薄くなってきています）。

私がもったいないと思うセミナー案内は、せっかく一人ひとりに個別にメールを送っているのに、明らかに案内文をすべてコピペで送っているケースです。

印刷されただけの年賀状をもらうような印象で、あまりうれしくはありません。個別に送るなら、その人だけに向けたメッセージを書く、そうでない場合はBCCで一斉メールにする。そのように使い分けます。

ただし、一斉送信を行なうときは、必ず「BCC」になっているか再度確認してください。間違ってTOやCCに全員のアドレスを入れて送信することがないよう気をつけましょう。

集客につながる情報発信

継続的にセミナーを開催していきたければ、**日ごろから自分自身とその取り組みを知ってもらう情報発信が必要**です。

集客力が高い人気講師は、日々コツコツと自分を知ってもらい、ファンを増やすための情報発信を行なっています。

セミナー講師の情報発信としては、Ｆａｃｅｂｏｏｋ、インスタグラム、ＬＩＮＥ＠、ツイッターなどのＳＮＳ、ブログ、メールマガジン、ＹｏｕＴｕｂｅなどの動画配信、ウェブサイト、出版などがあります。

私のように講師業が本業の人間は、日々の情報発信がそのままファンづくり、ひいては集客につながるため、すべてやるのが理想的です。

とはいえ、これからセミナー講師をする人がいきなりすべてをやる必要はありません。順番に一つずつ、始めていけばよいのです。

さまざまなツールの中で、いちばん気軽に行なえるのはＳＮＳです。なかでも、**セミナ**

ー講師と相性がよく、集客効果が見込めるのはＦａｃｅｂｏｏｋです。

Ｆａｃｅｂｏｏｋユーザーには、自己啓発で自分を高めたい人や、セミナーに興味がある人が多い傾向にあります。

私もメインで使用しているのは、Ｆａｃｅｂｏｏｋです。

Ｆａｃｅｂｏｏｋでは個人アカウント（個人ページ）とは別に、Ｆａｃｅｂｏｏｋページを開設しています。Ｆａｃｅｂｏｏｋページとは、企業やグループ、個人がさまざまな情報発信を行なうためのページです。個人ページと同様に誰でも無料で開設することができます（広告配信は有料です）。

個人ページとＦａｃｅｂｏｏｋページは、主に次のような違い・特徴があります。

個人ページ

・個人名・本名でのみ登録可能（商品名やサービス名などの登録はＮＧ）
・「友達」としてつながれるのは５０００人まで（フォローされる人数は上限なし）
・Ｆａｃｅｂｏｏｋにログイン中の人しか見られない
・投稿した内容は、検索エンジンには引っかからない（ＳＥＯ効果はない）

Facebookページ

・個人名・本名以外でも登録が可能（商品名や、サービス名などでもOK）
・Facebookページに「いいね！」を押してくれた人は、「友達」ではなく「ファン」
・「ファン」の人数は無制限
・Facebook広告が利用できる
・インサイト（アクセス数やいいね！数、広告に対する反応を調べる機能）が使える
・Facebookにログインしていない人でも閲覧できる
・投稿した内容は、検索エンジンの検索対象になる（SEO効果あり）

私がメインで活用しているのは、「個人ページ」です。

Facebookで私のことを知り、セミナーに来てくださる方もたくさんいます。ですが、実は私は個人ページでは、セミナーの宣伝をほとんど行ないません。そもそもセミナーの宣伝を毎回投稿していたら、私のタイムラインは宣伝投稿ばかりになってしまいます。

Facebookは、あくまでも友人や仕事で関わりのあった方、ファンになってくださった方に、「大岩俊之」という人間を深く知ってもらうためのツールだと考えています。

そのため、個人ページへの投稿はかなりカジュアルな内容にしています。毎日必ず投稿していますが、週に5日はスイーツの写真を投稿しています。最近ではFａｃｅｂｏｏｋに投稿するために、新しいスイーツを開拓しているくらいです。スイーツ写真を投稿する際に、今日、どこにいるか、どんな打ち合わせをしたかを一言添えて投稿しています。

出張先での出来事、仕事に関係すること、誰かのセミナーに参加したことなどを散りばめてはいるので、「今、大岩俊之がどんなことに興味があるか、どんな仕事をしているか」がわかるようになっています。

セミナーを開催したときは、終了後に「こんなセミナーをやりました」と投稿しています。そこから興味を持ってくださった方が、Ｆａｃｅｂｏｏｋページを見てくださったり、ブログを見てくださったり、セミナーに申し込んでくれたりします。

「セミナーに来てほしい」「何かを買ってほしい」などの宣伝を極力控えているため、とても反応率（いいね！数＋コメント数＋シェア数）が高いです。

Ｆａｃｅｂｏｏｋで「友達」を増やすことは、あなた自身に興味を持ち、知ってもらう大事なきっかけになります。

何の面識もない人に、いきなり友達申請を送りつけても、何の意味もありませんが、リアルの場で出会った人とのコネクションは大事にしてください。

まずは**リアルで会った「友達」登録1000人を目指して、つながりを広げていきましょう。**

ちなみに、Facebookページでは、次項で紹介するブログ記事の紹介を行なっています。

近日開催するセミナー情報をまとめてアップすることもありますが、ごくまれです。

Facebookページでは、「大岩俊之が日々何を食べて、どこで仕事しているかは興味ないが、開催しているセミナーやそれに関する情報は気になる」という人は、そちらだけフォローしてくださっているようです。

セミナー講師と相性がいいブログ

私は、**セミナーに関する情報を書くのはブログと決めています。**

ＦａｃｅｂｏｏｋやツイッターなどのＳＮＳでは、投稿がタイムラインに流れていくため、こまめに投稿をチェックする人以外の目に触れないからです。

ＳＮＳ全盛期のいま、「いまさらブログ？」と思う人も多いかもしれませんが、ブログもファンづくりや集客を行なうのに、とても有効なツールです。

ＳＮＳとの大きな違いは、Ｇｏｏｇｌｅなどの検索エンジンからの流入があることと、アーカイブ機能があるため、ブログ内での記事検索が行ないやすいことです。

ブログサービスはさまざまな会社が行なっていますが、これから始めるならユーザー数が多いアメーバブログ（アメブロ）をおすすめします。アメブロは、ユーザー同士だけが使える読者登録などの機能が豊富で、アメブロ内での記事検索から一定数の読者流入が見込めます。

初心者でも使いやすいですし、カスタマイズすることでデザイン性の高いブログにもできます。

ただし、商用利用は禁止なので、宣伝目的の投稿が多いと、データを消されてしまうことがあるので要注意です。

アメブロは無料で使うこともできますが、**広告を消すための有料オプションは必ずつけましょう**。千円ちょっとの有料オプションで、広告を非表示にできます。特にスマートフォン上で画面に出てくる広告表示は、読者を不快な気持ちにさせます。

せっかくあなたに興味を持ってくれた人、ファンになってくれた人がブログを見に来てくれているのですから、気持ちよく訪問してもらえるようにしましょう。

「これから始めるならアメブロ」と言っておいてなんですが、現在、私がメインで使っているのはLINEブログです。

アメブロよりも機能がシンプルな分、デザインがすっきりしています。

芸能人など、著名人のブログも以前ならアメブロ一択でしたが、現在ではLINEブログに移行した芸能人も増えました。

LINEブログは、私が開設したときは審査制でしたが、現在では誰でも開設が可能です。

アメブロに比べ、まだLINEブログ内での読者流入は、それほど多くはないのですが、LINEがブログサービスに力を入れているので、今後に期待して使っています。

ブログで差をつけるなら365日投稿

セミナー講師として活動し、集客のためにブログを活用するなら、**365日毎日投稿**しましょう。せめてでも平日5日間は、毎日投稿してください。集客できる講師は当然のようにやっている習慣です。

本を何十冊も出している著者や、インフルエンサーとして特定の分野で著名な人、講師として人気が高い人は、たいてい365日毎日投稿しています。しかも、それを**10年以上継続している**のです。

私も触発され、今では365日毎日投稿です。

風邪を引こうが病気になろうが、関係ありません。盆でも正月でも毎日投稿します。投稿するのは、毎朝7時30分です。ブログとFacebookページに時間指定で投稿しています。

「大岩さんは、いつも早起きですね」と言われますが、実は投稿記事は夜に書いて公開時間をセットしています。セミナーや研修の仕事はどうしても夜型の生活リズムになりやすいため、私は朝があまり得意ではありません。

明け方まで原稿を書くことも多く、予定がなければ、起きるのは朝9時過ぎです。

生活リズムに合わせていると記事の更新時間がバラバラになり、いつも楽しみにしてくれている読者には不親切です。ビジネスパーソンを対象としているため、朝の9時や10時に更新するよりも、通勤時間を想定した戦略的な時間が「朝7時30分」なのです。

ブログは毎日投稿していると、検索エンジンで上位に表示されやすくなりSEO対策にもなります。

365日毎日情報を発信し続けるのは、慣れないうちは大変かもしれません。

気軽に日常生活を発信するSNSとは違い、**ブログでは読者から有益な情報だと認めてもらえなければ、継続的な読者になってもらうことはできません。**

私がブログに書くのは、このような内容です。

・セミナー講師としての日々の気づき

・過去の会社員時代を振り返った気づき

・時事ニュースへの気づき
・読書感想
・普段セミナーで話している内容（営業ノウハウ、成約術、ＳＮＳ活用、講師スキルなど）
・セミナー告知
・取材された記事や自分の執筆記事、出版のお知らせ

ブログの最後には、おまけ程度にスイーツ写真を入れますが、これは私らしさを表すサインのようなものです。

ブログでは、情報の出し惜しみはしません。有料セミナーで話すような内容も、どんどん書いてアップします。**読者が「この内容ならお金を払ってもよい」と思えるぐらいでなければ、毎日見に来てはくれません。**

毎日投稿したほうがＳＥＯ対策には有効ですが、無益な情報でいくら更新しても読者は増えません。

セミナー講師が本業でない人でも、ブログを集客に活用したいのであれば、少なくとも週１回は投稿しましょう。継続的に投稿できないなら、ほとんど効果がないのでやらない

方がましです。後述するホームページのほうが、まだよいでしょう。

ブログだけで集客できる一つの目安は、一日あたり1000PVです。さらにその上の出版を目指す人は、1日2000PVまで頑張りましょう。PVを稼ぐには、物理的な記事の本数（コンテンツ量）も重要な要素です。

いきなりは難しくても、「有益な情報発信」を「継続」すれば、必ず楽しみにしてくれる読者が増えます。

SNSなどからの読者流入ではなく、ブログをフォローしてくれる人（あなたのブログの記事更新があると、お知らせを受け取る人）を増やすことを目標に頑張りましょう。

メルマガは最強の集客ツール

Facebookやブログでファンを増やしていき、その後メールマガジンの登録者を増やすことが、セミナー講師の王道パターンです。

読者から見に行く必要があるSNSやブログと違い、メルマガはこちらから読者のメールボックスに情報を届けに行けます。

難点は、集客効果はいちばん高いものの、読者を集めるまでの道のりが、いちばん大変なことです。

つまらない情報発信ばかりしていては、すぐに登録者は減ってしまいます。

私は、毎日更新しているブログのエッセンスをギュッと凝縮して、メルマガを週に一度配信しています。一定の反響を得るまで、約2年かかりました。

メルマガの配信には、「アスメル」(https://www.jidoumail.com/)、「まぐまぐ」(http://www.mag2.com/)「エキスパ」(https://ex-pa.jp/)「コンビーズメール」(https://www.combzmail.jp/) などのメルマガ配信システムを利用すると便利です。

メルマガ配信システムとは、

- 登録申し込みによる自動返信
- 数千~数万規模のメール一斉配信が可能
- 読者名の自動差し込み(宛名、本文中に、送信者の名前を入れられる)
- HTML形式での送信が可能
- メールの開封率チェック
- ステップメール対応(読者登録してくれた人に送信する最初の数通の内容、タイミング

を登録できる。有料メルマガの申し込みに誘導するときなどに利用される）

などの機能がついたサービスです。

あくまでも主観ですが、機能・価格面ともにそれほど大差はありません。

一部、無料で利用できるサービスもありますが、どのサービスも月額2000～3000円前後で利用できる機能がたくさんあります。

無料では利用できる機能が限られ、広告表示が出るシステムが多く、相手の迷惑フォルダーに入る可能性が高いようです。そのため、有料サービスの利用をおすすめします（ただし、なかには、「まぐまぐ」のように登録審査があるサービスもあります）。

Ｆａｃｅｂｏｏｋでの「友達」作りや、ブログでの読者登録と同様に、最初は地道に読者を増やしていくことから始めます。

ただし、名刺交換しただけの人を勝手に読者登録するようなことはやめましょう！　断りもなく勝手に登録しては、常識を疑われるだけです。

ビジネスは信用力が第一です。

信用は積み上げるには長い時間がかかりますが、失うのは一瞬です。

どうしてもメルマガに登録してもらいたい場合は、名刺交換時に一言確認しましょう。

ウェブサイトも重要な集客ツール

自分で集客を行なうなら、ウェブサイトを持っておいたほうが何かと便利です。検索エンジンであなたの名前を検索したときに、ＳＮＳやブログだけしか表示されないのでは、信用度が低くなります。ウェブサイト上に　ブログやＳＮＳへのリンクもまとめておけば、あなたのファンが、情報をチェックしやすくなります。

ウェブサイトは、簡単に作ることができます。

簡単に無料で作れる「ＷＩＸ」（https://ja.wix.com/）や、「Ｊｉｍｄｏ」（https://jp.jimdo.com/）、「ペライチ」（https://peraichi.com/）などのサービスもあります。

本格的なウェブサイトを作成したいなら、ＷｏｒｄＰｒｅｓｓ（ワードプレス）に挑戦してみてもいいでしょう。ブログ機能も付いています。

簡単ではありますが、苦手意識を持つ人は専門家の力を借りましょう。シンプルなページなら、数万円程度でカッコいいデザインのウェブサイトを作ってくれます。

ウェブサイトを作成するときには、次の情報を掲載します。

- トップページ（ウェブサイト全体の概要をわかりやすく）
- セミナーテーマ、仕事内容（写真や値段があるとわかりやすい）
- プロフィール（名前、顔写真、資格、実績など）
- 会社概要（社名や屋号、住所・地図、電話番号、メールアドレスの問い合わせ先）

WEBサイトを作っておくと、思いがけないところから仕事の依頼や問い合わせが入ることがあります。

講師としての実績が増えてきたら、情報は必ず随時更新しましょう。

セミナー動画をYouTubeにアップ

セミナー講師と相性がいい媒体として注目されているのは、YouTubeなどの動画配信です。

写真や文章とは違って、動画だと「この講師はどんな話し方をするのか」「どんなセミナーを行なっているのか」が、はっきりと伝わります。

文字とは違い、ごまかしや誇張はききません。

私もセミナー動画を5～10分程度に編集し、YouTubeにアップしています。有料の動画配信サービスもありますが、私はYouTubeで十分だと思います。

動画を撮影すると、これまで気づかなかった自分の話し方や抑揚、立ち居振る舞いの癖などを、客観的に振り返るきっかけにもなります。

第3章でも詳しく説明していますが、自分のセミナーを動画撮影して確認するのは、とくに初心者には必要な習慣です。せっかくですから、うまくなってきたと思ったら、ぜひYouTubeにアップしてみてください。

講師が一方的に話す様子を撮影するだけでなく、それ以外にも、たとえばアートやビューティー関連のようなセミナーの場合、実際、参加者の人にどのように教えているかや、作品が完成していく過程などを撮影することもできます（参加者の顔が映らないように配慮しましょう）。

店舗や教室があるなら、入り口から教室（セミナールーム）までの動線を紹介したり、どのようなスペースで習うのか、などを動画で紹介したりするのも効果的です。

自分が開催しようとするテーマでは、どのような動画利用の可能性があるのか。

開催しようとしているテーマをYouTubeで検索、ザッピングするなどして、何か使えるアイデアはないか考えてみましょう。

出版は「呼ばれる講師」への第一歩

セミナー講師を本業とする人の中には、本を出している人も多くいます。私も、読書術や営業ノウハウ、マインドマップなどのビジネス書を、これまでに計7冊出版し、今回が8冊目の本です。

たまに私が書いた本を見てセミナーに来てくださる人もいますが、書籍は5万部、10万部などのベストセラーにでもならない限り、直接的な集客効果がそれほど高いツールではありません。

そもそも出版したくても、そう簡単にできるものでもありません。

1冊の本を出版するのに、出版社は最低でもウン百万円のコストをかけます。編集者と何度も企画を練り直し、ようやく編集会議を通っても、その後も何度も何度も原稿のやり取りをしながらようやく世に出るものです。

だからこそ、**出版実績があると講師の「信用度」があがる**のです。

出版実績があると、セミナーのコラボ開催で声がかかるケースも増えます。まだ無名のセミナー講師にとって、出版実績を持つ人とのコラボセミナーは、〝箔〟が付くからです。ベストセラー作家となれば、なおさらです。

企業に研修やセミナーで呼ばれるときにも、担当者から「こういう著書を持つ人なら、上司に話を通しやすい」と言ってもらえます。

私の場合、参加者として勉強しに行くセミナーでも、たとえば営業ノウハウ系のセミナーだと「今日は『誰にも教えていない営業の裏技　トップ営業になる根回し術』の著者である大岩さんがいらしてます」などと紹介される機会も増え、人脈が広がりやすくなりました。

幸い、私は2014年に刊行した1冊目の著書、『読書が「知識」と「行動」に変わる本』（アスカビジネス）が、約3万部のヒット作となり、曲がりなりにもベストセラー作家と呼ばれるようになりました。

その後、出版の実績を重ねられたのも、1冊目の実績があってこそです。

「どうすれば、大岩さんのように本を何冊も書けるベストセラー作家になれるのですか」
と聞かれることが、よくあります。その場合、「最初の一冊がベストセラーになったから
です」と答えます。

ベストセラー作家への道のりも、まずは日々ＳＮＳでのつながりを増やすこと、ブログ
やメルマガで少しずつ読者を増やしていくこと、それが第一歩です。

集客に魔法のツールなし

集客できる人気講師になるにも、ベストセラー作家を目指すにも、日々やることは同じ
です。

Ｆａｃｅｂｏｏｋへの日々の投稿で、あなたの人柄を知ってもらう。
ほかの人が開催するセミナーや交流会に参加し、Ｆａｃｅｂｏｏｋの友達を増やす。
ブログやメルマガに書くためのネタを日々収集する。
書くことがなくて苦しいときでも、読者の人に有用な情報を届け続ける。

こういった**コツコツとした地道な努力を、継続する**のです。

ブログやSNSで毎日、情報をアウトプットするためには、インプットの時間も必ず必要です。その積み重ねは、後で必ずあなたを支える大きな武器になります。

ブログ記事の執筆や、Facebookのチェック、コメント返しに、1日2時間はかけています。

私は自分が参加したセミナーの講師からFacebookの投稿にコメントをもらうとうれしいので、同様にセミナーに参加してくれた人の投稿にコメントを入れることもよくあります。

電車や新幹線の移動中にやりますので、仕事には支障はありません。むしろ、これも仕事の一つだと考えています。

Facebookでは、めったに宣伝目的の投稿をしないからこそ、たまに出版のお知らせなどの投稿を行なうと、「買います!」「読みました!」などの反響をたくさん頂きます。

こういった日々の努力が出来ない人は、お金を払って広告を出すしかありません。

ですが、広告よりもSNSやブログ、メルマガで、地道に信頼をつかんだ関係の方が、何倍も絆が深いことは言うまでもありません。

講師業も助け合い

「返報性の法則」という言葉を聞いたことはありますか？

これは、何かをしてもらったら、何かお返しがしたい、厚意を受けたら厚意で報いたい、恩返しがしたいと思う人間の心理です。

ただお願いするだけでは答えてくれないようなことでも、先にこちらが何かをしてあげることで、相手もこちらのために何か動いてくれようとします。

たとえば、

- 友人が開催するセミナーを、自分のＳＮＳやブログで宣伝してあげる。
- 知り合いが書いた本を、宣伝してあげる。
- お世話になっている人を、セミナーに無料で招待してあげる。
- いつも刺激を受けている講師仲間の頼みごとを聞いてあげる。

何かをしてあげると何かが返ってくる。繰り返すうちに、その人との絆も深まります。

自分がしてあげたことが、そのままの形で返ってくるわけではありません。それでも、かなりの確率で何かの形になって返ってきます。それこそ、セミナーの集客だけでなく、もっと大きな何かが返ってくることもあります。

たとえば、私の講師仲間に起業セミナーを開催している野口哲朗さんという方がいます。彼は、本気で起業したい人向けのセミナーを開催しています。

ある時、彼から「僕のセミナーで大岩さんの出版ノウハウについて話をしてもらえないか」と頼まれたので、すぐに引き受けました。

彼のセミナーでゲスト講師として話をしましたが、特に講師料などはもらっていません。純粋に野口さんを応援したい気持ちがあったからです。

すると、しばらくして彼から「大岩さんのセミナーを手伝う人間を紹介するよ」と野口さんの受講生（Aさんとしましょう）を紹介してもらいました。

細かい経緯は省きますが、Aさんは、セミナーの企画から場所選び、集客まですべてをやってくれました。つまり、私のプロモーションをすべて行なってくれたのです（Aさんとは、利益を折半にしました）。

ふだん講師業というのは、一人で企画を立て、一人で集客をし、一人でしゃべるものです。それをAさんがほとんどすべてやってくれたので、私は話しに行くだけです。その後も、野口さんやAさんとは良い付き合いを続けています。

これまで講師業を続けてきて、何でも一人でできると思い込んでいた時期もありますが、よくよく振り返ると本当にたくさんの人たちに助けられてきたなと思います。

自分から先に何かをしてあげる。

ぜひ意識して、習慣づけてみてください。

第5章

参加者がついてくる「場」を作る

セミナーを左右する「場」の空気

さあ、いよいよセミナー当日です。

この章では、セミナー当日に必要な「場」の作り方について詳しく説明します。目には見えずとも、確かに存在するのが「場」の空気です。

理想的な場の空気とは、参加者が程よくリラックスしつつも、ちゃんと集中力を保っている状態です。講師が発する言葉には注意を傾け、ときには笑いが起こるような雰囲気です。

セミナー当日、講師が適切に場の空気を作り出さないと、参加者は学ぶ姿勢、聞く姿勢に入れません。もしくは、すぐに集中力が途切れてしまいます。

程よい緊張はよくても、緊張しすぎもいけません。ちゃんと聞いてくれているように見えても、講師の言葉がちゃんと届かないからです。

「単調でつまらなかった」「想像していたのとは違った」などの感想が増え、当然、参加者の満足度は低くなります。

セミナーの参加者には、さまざまな人がいます。
開催テーマに強い興味があり、セミナーを熱心に聞いてくれる人。
時間に余裕があり、なんとなく軽い気持ちで来てみた人。
本人の希望ではなく、会社命令で参加している人。
セミナーテーマよりも、参加者との交流が主目的の人。

立場や真剣度は、人それぞれです。全員が前のめりであなたの話を聞きに来ているわけではありません。あなたが想定していたターゲット参加者とは違う属性の参加者が来ることだってあるでしょう。

それでも、**どんな立場の参加者でも一定以上の満足を与えて帰ってもらうのが、プロの講師**です。

参加者を寝かせない

これまで開催してきたセミナーで、参加者を寝かせたことが2回だけあります。

どちらも講師1年目のとき、昼食後に開催した高校生向けの講演タイプのセミナーでした。1回目は記憶術、2回目は小論文の作成術がテーマでした。

1回目は、完全に私の講師力不足でした。場づくりもできなければ、集中力を途切れさせない工夫も全然できていませんでした。

2回目のリベンジでも、残念ながら何人か寝かせてしまいました。3回目以降、本章のさまざまなテクニックを取り入れることによって、ようやく誰も寝ないようになりました。私の「参加者を寝かせない記録」は現在も更新中です。

「寝かせない」だけでは、まだまだ自慢にはなりません。

寝かせず、飽きさせず、集中力を維持して、楽しみながら学んでもらうことが、講師の役割です。

場の空気がよければ、参加者は集中力を保て、受講後の満足度も高まります。

場の空気を左右するのは、講師の話し方や姿勢、セミナー中のちょっとした工夫など、小さなことの積み重ねです。

次項から、一つずつ詳しく紹介しましょう。

前日までに準備しておくこと

セミナーが成功するかどうかは、前日までの準備で8割が決まります。

当日、慌てることがないように、セミナーで使用する資料、パソコン、各種ケーブル、タイマーなどの小道具などの必要な持ち物は、前日までに必ず用意をしておきましょう。

料理教室などのような体験型セミナーのように、材料がたくさん必要となるセミナーでは、遅くとも前日までにすべての用意を済ませておきましょう。

生花や生鮮食料品のように、「どうしてもセミナー当日に材料を仕入れないといけない」というものがある場合には、事前に店に連絡をしておき、当日必ず手に入るように段取りをしっかりしておきましょう。

講師の身だしなみも重要です。

靴はきれいですか？　当日着用するスーツやシャツにしわはありませんか？　カバンは汚れていませんか？

念のため、名刺も多めに用意しておきましょう。

次のように、必要な持ち物だけでなく事前に準備することも一覧表でまとめてチェックできるようにしておくと、抜けがなくなります。

前日までのチェック一覧表
（ビジネス系セミナーの場合）

持ち物	
	パソコン（バッテリーもチェック）
	資料（データ）
	プロジェクター
	延長ケーブル（VGA、HDMI 端子確認）
	変換アダプター
	名刺
	タイマー
	ホワイトボード用マーカー（黒、赤、青、緑）、イレーザー
	パワーポイント用プレゼンター
準備	
	靴を磨く
	カバンの汚れをチェックする
	スーツ・シャツにアイロンをかける
	会場までの道順を確認する
	睡眠時間をたっぷりとる

セミナー前日には、「やってはいけないこと」もあります。

私は、刺身や牡蠣など生ものは、セミナー前日には絶対に食べません。万が一にも、生ものにあたって、セミナーに穴をあけたくないからです。

ニンニクなどの香りが強い食べ物も、もちろん口にしません。

もともと体質的にアルコールを受け付けないのですが、もし飲めたとしても前日に深酒するようなことは絶対にないでしょう。講師仲間でも「セミナー前日は夜10時以降の飲酒はしない」などとルールを決めている人が多いです。

講師は、絶対に休んだり遅刻したりしてはいけません。

ふだんの体調管理方法については、第6章でも詳しく述べますので、参考にしてみてください。

講師の遅刻は厳禁

講師の欠席は論外ですが、遅刻もありえない行為です。ゲストとして招かれたときはともかく、自主開催の場合は**参加者よりも早く会場に入る**べきです。

できれば1時間前までに、遅くとも30分前までに会場に入りましょう。第3章で述べた通り、会場はその分の時間の余裕を持って借ります。

セミナーに慣れていない方や、お手伝いの方がいない場合、パソコンからプロジェクターへの接続確認、机のセッティング、資料配付など、これだけで30分くらいかかることもあります。

参加者の中には、開場時間を開始15分前と案内していても早く来る人もいます。準備が整わないうちは外で待ってもらうしかありませんが、せっかくなら早めに会場に入ってもらいたいものです。

時間には余裕を持って挑みましょう。

ちなみに開催地が遠方の場合は、私は**前日には、現地に到着する**ようにしています。

東京～名古屋ぐらいの距離であれば、新幹線で約1時間半ですので、当日移動するときもあります。しかし、それ以上距離が離れるとき、たとえば新幹線で2時間半かかる東京～大阪のような場合は、原則として前泊します。

「交通機関にトラブルがあり遅刻します」は、講師が絶対に使ってはいけない言い訳です。特に、ゲスト講師として招かれているときは、台風だろうが大雪だろうが、どんな気象条件でも必ず現地にたどり着けるように、万全の配慮で挑みます。

東北地方などの雪が多い地域に行くと、私には外に出ることすら躊躇するような大雪でも、現地の人からすれば「いつもの天気」ということもあります（ただし、自主開催の場合は、台風や大雪などの悪天候が見込まれるときには、安全面への配慮から中止することもあります）。

普段でも、会場到着は1時間前。
悪天候の日はさらに30分から1時間余裕を持って行動しましょう。

セミナー開始前に必ず行なう儀式

一通りの準備が済んだら、私は**セミナー会場の中で、ある一連の「儀式」を必ず行ないます。**儀式というと大げさかもしれませんが、決まった手順通りにやらないと気持ちが悪いルーティンワークです。

一連の儀式とは、次の通りです。

まず、しゃべる立ち位置である壇上に立ち、会場全体を見渡します。それから、参加者たちが座っている姿を想像しながら、会場内をぐるぐる歩き回ります。

2時間のセミナーであれば、「これから2時間、ここで話す」と自分に言い聞かせながら、会場の隅々までしっかり確かめます。

この時の感覚は、引っ越しをするとき、これから借りようとする新しい部屋を隅々まで細かくチェックする感覚と同じです。

その後、入室してきた参加者に挨拶をしたり簡単な世間話をしたりします。「会場の場所はすぐにわかりましたか?」「今日は暑いですね」など、会場の場所に関することや天気、季節の話は鉄板です。ほかにも、土日祝日なら「今日はお休みですか?」、平日なら「仕事は早く終わりましたか?」など、セミナーの本題とは関係がない世間話をします。

講師と参加者、お互いの距離も近くなり、確実に場の空気が柔らかくなります。

そして、**セミナー開始時刻が来たら、まずは壇上で大きく深呼吸をして、全体を見渡してからスタート**します。

ここまでが開始前に必ず行なう一連の儀式です。どんなセミナーでも、毎回、必ず事前にこの儀式を行ないます。

野球のイチロー選手が、バッターボックスに入る前後に必ず行なう一連の型通りの行動と同じような感覚です。

私は、これをやらないと、「場」の空気をうまく作ることができません。

最悪な場合、逆に自分が場の空気に飲まれてしまい、普段話している内容がスムーズに出てこなくなることさえあります。

ゲスト講師として招かれるときでも、「直前ではなく15分前には呼んでください」と主催者の人にお願いをしています。そして、まだ会場に人が少ないうちに入室し、この儀式を行なう時間を取れるようにしています。

早めに会場に入り、壇上に立ち全体を見渡し、その後会場内をぐるぐると歩き回る。そして、早めに入室してきた参加者と軽くコミュニケーションを取る。

開始時刻が来たら、壇上で大きく深呼吸をして、全体を見渡してから話し始める。

たったこれだけの些細な儀式ですが、効果は抜群です。

遅刻してくる参加者にどう対処する?

ところで、講師の遅刻は厳禁でも、コントロールが難しいのは参加者の遅刻です。遅れている人がいれば、待ってあげたいのが人情です。

ですが私は**原則として、セミナーは定刻通りにスタートさせます**。

遅刻している人のために開始時刻を遅らせるのは、定刻通りに来た人の時間を奪うことになるからです。

私は遅刻した人でも入室は認めていますが、講師の中には「進行の妨げになるため、遅刻した場合は入室できませんのでご注意ください」と事前にアナウンスし、会場には鍵をかけてしまう人もいるそうです。

本気で学びに来ている人に本気で向き合うために、引き締めるべきところは引き締めていきます。

堂々としているだけで言葉は説得力を増す

さあ、いよいよセミナー開始です。

講師は、常に堂々としていなければなりません。背筋をすっと伸ばしましょう。猫背では、頼りない印象を与えます。だらんと気が抜けたような立ち方などは、もってのほかです。

手は、自然に横におろします。前でも後ろでも組んではいけません。手を後ろに組むと、偉そうに見下している印象を与えます。さらに心理学では「相手に何か隠し事があるポーズ」とされています。

手を前に組むのは、欧米だと「股間を隠すポーズ」として印象が良くありません。

そうは言っても、手を横にして立つのは、実は私もあまり落ち着きません。そこで、右手（利き手）にポインターやペンをお守り代わりに持っています。不思議と落ち着くので、手には必ず何かを持っています。

背筋をすっと伸ばし、胸を張って、表情は笑顔。これができるだけでも、あなたの言葉は説得力を増します。参加者も安心して聞くことができます。

セミナー開始時には、参加者の緊張を解きほぐすアイスブレイクが欲しいところです。アイスブレイクについては第2章を復習しましょう。

参加者の名前を呼ぼう

人は自分の名前を呼んでくれる人には、親近感を覚えます。名前を呼ぶことで、参加者と講師の距離は、ぐっと近くなります。

参加者に話しかけるときには、必ず名前で呼びかけましょう。「あなたはどう思いますか？」ではなく、「〇〇さんは、どう思いますか？」と呼びかけるのです。

講演型のような、大人数が参加するような場でも、私は前方の人を中心に何人かに話しかけることがあります。その時には必ず、「お名前を聞いていいですか？」と聞きます。

その後、名前を聞いた参加者が話してくれたことに触れるときには、「さっき、〇〇さんがおっしゃったように」と必ず名前とセットで話します。

参加者が多い講演型セミナーでは、さすがに全員の名前を覚えることは難しいですが、10数名程度の少人数セミナーや、半日以上の長時間にわたるセミナーでは原則全員の名前を覚えます。

少人数セミナーで、事前に参加者名簿を持っている場合には、セミナー開始前に名前を覚えておきます。そして開始後に随時、席次表に名前を書き込みます。

グループワークを取り入れるセミナーでは、参加者に名札を付けてもらうか、席札を用意します。

これは、参加者同士がお互いに名前を呼びやすくなるメリットもありますが、講師にも参加者の名前を呼びやすい、覚えやすいというメリットがあります。

なかには人の名前を覚えるのが苦手な人もいるかもしれません。

私も会社員で営業をやっていたころは、人の名前が覚えられず苦労しました。それでも今は30名程度なら、それほど苦労せずに覚えられます。

人の名前を覚えるコツは、**「絶対に覚える」と強い気持ちを持つこと**です。そして**繰り**

返し繰り返し、名前を呼ぶこと。この2つが絶対に必要です。

誰かを指名するときは、必ず名前で呼び、話してもらった後も、「○○さんは、このように言われてますが……」と、ここでも意識して名前を復唱します。

何度も名前を呼ばれているのに、毎回、名簿を見ながら名前を呼ばれるのでは、参加者はあまりよい気持ちはしません。

講師が参加者の名前を呼ぶ前に一瞬言いよどんでしまったり、名簿を見たりすると、「ああ、まだ私の名前を覚えていないんだな」と参加者ははっきり感じます。

気合を入れて、参加者の名前は覚えてください。

セミナーに「動き」を付ける

「動き」が少ない淡々としたセミナーでは、どうしても参加者の集中力が途切れやすくなります。**セミナーには、随所に動きを入れることを意識してください。**

講師、参加者のどちらとも、動かせるタイミングがあれば適時、動かしましょう。

たとえば講師はずっと演台に立っていないで、ときおり左右に歩いてください。研修系のセミナーなら、左右だけでなく、さらに参加者の机の合間をぐるぐる歩きます。講師が動くことによって、場の空気は変化します。

講師は話すことに集中すぎると、ついつい演台などの同じ場所にとどまりがちです。これだと参加者は、ずっと同じ点を見つめ続けることになります。

生物として体の仕組みを考えた時、ずっと視線を動かさず一点を見つめ続けるということは、実は不自然な行動です。肉体にかなりの緊張を強いることになります。「少し、空気がよどんできたかな」と感じたときは、意識して動いてください。

最初のうちは、こういった「ここで左右に動く」「ここで目線を動かす（227ページ参照）」などの細かい点も、随時シナリオに組み込んでおくと安心です。

それぞれ15〜20分程度に1回は入れましょう。

参加者を動かすという目的で、セミナーでは実際にストレッチの時間を入れることもあります。

たとえば少し硬い話が続いて、参加者たちの表情に少し疲れや眠気が見え始めたとき。あるいは、終日セミナーの場合、午後の部を開始するときに、ストレッチをしてもらうこともあります。

「ちょっと、皆さん立ってみましょうか」と話を中断して、参加者に一度立ってもらい、全員で簡単なストレッチをするのです。

体をぐっと上に伸ばしてもらい、首を左右に傾け、肩をぐるぐる回してもらうだけでも相当な効果があります。

時間は、せいぜい1分程度で十分です。たった1分のストレッチでも、体を動かすとリラックスして脳に回る血流もよくなり、参加者は再び講師の話を集中して聞いてくれます。

「拍手」が生み出す一体感

セミナー中、私は参加者によく拍手をしてもらいます。

これも「動き」を取り入れるための一つです。ですが、拍手の効果はただ「動く」ためだけではありません。

参加者みんなで拍手をする行為は、場の空気に一体感を作り出してくれます。拍手された人は、多少なりとも気分が良くなります。

参加者に発表してもらう場が多いときは、アイスブレイクの時間に参加者全員で拍手の練習をしてもらうこともあります。

「今日は、皆さんにもたくさん発表してもらいます。誰かが発表したあとには、拍手をしてもらうので拍手の練習をしましょう」と拍手をしてもらいます。

大体一度目の拍手は少し音が小さいです。そこで、

「あれ？　それぐらいだとなんだか盛り上がらないですね。もう少し大きな拍手をお願いします」と少し笑いも取り入れながら、再度拍手をしてもらいます。

そして、セミナー中に数回、実際に拍手してもらう場面を作ります。

たとえば、速読のノウハウを教えるセミナーなどでは「皆さんが本を読む目的とは何ですか？　○○さん、どうですか？」と名指しで指名した後、「ありがとうございます。○○さんに拍手をお願いします！」と拍手をしてもらいます。

参加者の発表が多いスタイルのセミナーでなければ、わざわざ事前に拍手の練習をする

必要はありません。それに、あまり拍手させる回数が多いと、間延び感が出てきます。2時間のセミナーなら、多くても数回までに留めます。

そのたった数回でも、拍手が生み出す一体感の効果は十分にあります。

目線の基本は「Z」×「8」

講師は、参加者全員の顔を満遍なく見なければなりません。

ただ人前に立つと、どこに目線を合わせたらいいかわからなくなります。慣れないうちは、ついつい前方に座っている人や特定の人ばかりを見てしまいがちです。

前方には、講師の近くで話を聞きたい、当てられても平気、講師に質問したいなどの、やる気の高い人が座ります。セミナー中も、よくうなずいてくれて反応がいいので、ついつい前方だけに意識が向いてしまい、後方に視線を送らなくなってしまいます。

講師と視線が合わない参加者は、無意識にでも疎外感を感じてしまいます。そうならないように、15〜20分に一度は、意識的に一人ひとりの顔を見て行きましょう。**最低でも1人1秒。慣れてきたら2、3秒しっかり目を合わせます。**

目線の動かし方の例

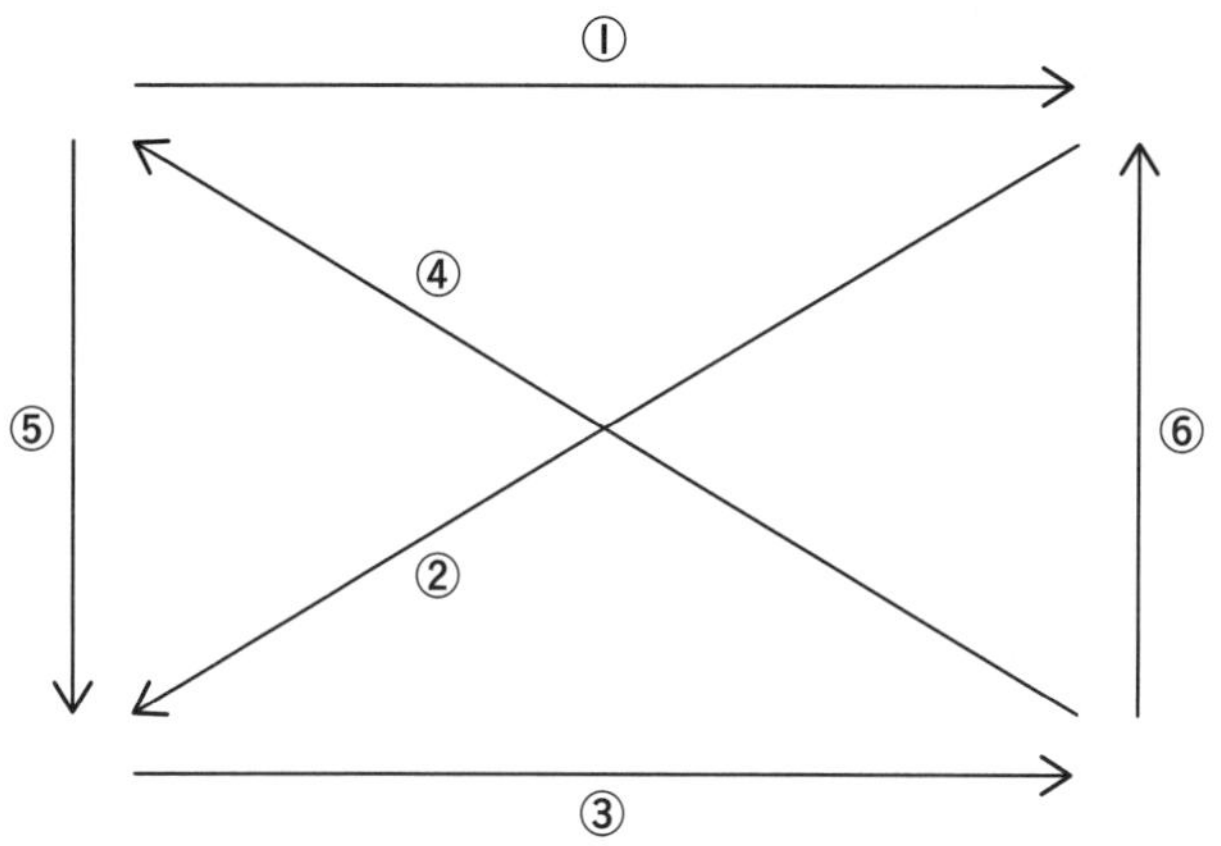

講師と目が合うと、参加者は自分に話しかけられていると強く感じてくれます。

一人ひとりと、しっかり目を合わせる。それが理想です。とはいえ、人数が多い場合は、なかなか全員に目線を向けられません。そんなときは、目線を英語の「Z」を描くように動かしたり、数字の「8」を描くように動かしたりします。正確に言うと、上図のように目線を動かします。

「絶対にこの順番でなくてはいけない」というものではありませんが、自分の中で決めておいた方が、抜けがありません。

目線の動かし方で、もう一つ、私がよくやるパターンがあります。

会場内で「うなずきさん」を探して、目線を動かしていくのです。「うなずきさん」とは、講師の話をしっかり聞きながら、「うんうん」と頻繁にうなずいてくれる人。10人に1〜2人は必ずいます。その「うなずきさん」を探す感じで、目線を動かしていくのです。たくさんいれば、3人ほどに絞ってもいいでしょう。

ありがたいことに、「うなづきさん」はまばらに散らばっていることが多いので、探そうとすると、自然と全体を見渡す感じにもなります。

広い会場で、おすすめの方法です。

「双方向のやり取り」で集中力を高める

アイスブレイクやワークの時間以外にも、参加者に適時話しかけましょう。

セミナー開始時に、参加者に自己紹介をしておいてもらえば、「こういうケース（問題・習慣）、○○さんの会社（仕事）だとよくありませんか？」と個々人に即した話題を振りやすくなります。

誰か一人を指名すると、あてられた人だけでなく、**ほかの参加者も「自分も指名されるかも」と、集中力が高まります。**

講師が一方的に話しすぎているとき、全体の空気がよどんできたときなどに、誰かを指名すると、一気に場の空気が変わります。

誰かに話しかけても必ずしも、自分の欲しい回答が出ないこともあります。

そんなときには、さらに2、3人に話を振ってみたり、「実はこういう回答が欲しかったのですが……」とネタをばらして笑いを取ったりします。

事前に、このネタなら誰かに話を振りやすそう、めどをつけておくのもいいですし、セミナー中に、誰かが首をかしげているときなどに「○○さん、何か気になることがありますか？」と話を振ってあげてもいいです。

講師と参加者の双方向のやり取りが増えると、セミナーのライブ感が高まり、参加者は「セミナーに参加した実感」を強く持つことができます。

集中力も高まり、場の空気はよくなり、満足度も向上。いいことずくめです。

記憶に残る「伝え方」

「記憶に残るセミナー」にするためのコツが、いくつかあります。

まず、ここが大事と強調したい箇所では、「ここはメモしてください」「ここは大事ですよ」とストレートに伝えるのです。大事なポイントはできるだけ声を大きくします。

「伝わってほしい」と、しっかり気持ちを込めることも大切です。大きな声を出しても、ちゃんと気持ちがこもってないと伝わりません。

また、「ここで大事なのは……」といったん話を区切って、話す前にホワイトボードに書くのも一つの手です。講師がホワイトボードに何か書こうとすると、ほとんどの参加者がメモを取ろうとペンを持ちます。

もしくは、同じように、「ここで大事なのは……」と言った後に、**2〜3秒ほど間《ま》を作ってから、ポイントを説明する**方法もあります。テキストに目を落としていたり、集中力が少し落ちたりしている参加者でも、講師が何も話さなくなると、「何か起こったの？」と顔を上げ、講師のほうを見ます。

3秒で全員の顔が上がらなければ、もう少し間を作ってもいいです。最大10秒、じっと待ってみましょう。集中力が切れてしまっている参加者との、根比べのようにも感じますが、かなりの確率で、また講師のほうをちゃんと見てくれます。

ホワイトボードには文字を大きく書く

ホワイトボードに、たくさんの文字をびっしり書き込んではいけません。何が伝えたいポイントなのかが、逆にわかりづらくなります。

「印象づけたい言葉」を大きな文字で丁寧に見やすく書きます。

このとき、後方の席の人に見えにくい細いマーカーや小さな字で書くのは、やめましょう。

広い会場で、どうやっても後方の席の人からは見えにくそうなときには、何と書いたかわかるように読み上げます。

書き間違いを指などでさっと消してはいけません。インクのカスがヨレて、文字が見えにくくなってしまいます。

参加者がメモを取るときは待つ

スライドの言葉やホワイトボードに書いた言葉を、参加者がメモしているときは、書き終わるまで待ちましょう。

書くスピードは個々人で差があるので全員を待つ必要はありませんが、**7、8割の参加者が顔を上げるまでは黙って待つ**のです。

「黙って待つ」のは、慣れないうちは緊張しますが、一生懸命メモを取っている間、講師が沈黙していても、参加者は気にはならないものです。

むしろ、スライドの言葉をまだ書いている人がいるのに、次のスライドに進んでしまうと、「いま書けなかった言葉は何だろう」と、参加者が隣の人のノートをのぞき込むなどして集中力が途切れやすくなります。

同様にメモを取ることに集中しているときに、講師が別の話を始めても、参加者は「あれ、いま何か聞き逃した?」と、やはり集中力が途切れます。

「ここ、メモしてくださいね」といった後は、少し待つ癖を付けましょう。

ワークの時間は「場」の状況を見て臨機応変にする

セミナーの進行は、作成したシナリオ通りにするのが基本です。

それでも、**場の空気に応じて、ワークの時間は多少変更させても構いません**（自主開催の場合です。ゲスト講師として招かれているときや、研修会社がプログラムを作成した研修など、厳密なタイムスケジュールが決められている場合では、事前に担当者に確認します）。

たとえば、10分間のワークを行なうとき。場が盛り上がっていなければ1、2分縮めてもいいですし、時間が来てタイマーが鳴っても場が盛り上がっていたら、1、2分ぐらいなら延長してもいい。

多少は臨機応変に対応した方が、自然と場が盛り上がる良いセミナーになります。

ただし、切り上げるのは、「話してもらいたいテーマが一通り出尽くしている」と感じられたときだけにしてください。ワークがあまりにも盛り上がっていないとき、何を話せばいいか参加者が戸惑っているような感じのときは、随時講師がフォローして回りましょう。

休憩時間のはさみ方

半日を超えるような長丁場のセミナーでは、休憩時間を1時間〜1時間半に1度、10分程度入れるようにしましょう。

特に半日コースや終日コースの長いセミナーだと、トイレ休憩だけでなく、ドリンクを買いに行きたい人や、タバコを吸いに行きたい人もいます。**毎回5分では慌ただしくなるので、なるべく10分の休憩時間を取りましょう。**

女性の参加者が多いときや会場内のトイレの数が少ないときは、休憩時間が短いとトイレ休憩から戻ってこられない人もいます。

もちろん、参加者が全員戻ってくれれば、休憩時間は切り上げてOKです。ここも臨機応変に行きましょう。

2時間以内のセミナーなら、無理に休憩を入れる必要はありません。私も入れないことが多いです（ただし、事前に「トイレ休憩はありません」とアナウンスをするようにしています）。

それでも、思ったより進行が早い場合や、セミナールームの空気を入れ替えたいと感じたときには、休憩を入れることもあります。

空気の循環が悪い部屋だと、1時間もすれば二酸化炭素の濃度が上がってしまい、**講師も参加者も集中力を維持することが難しくなってしまう**からです。

休憩中スマホを見る講師はNG？

講師ビジネスを本業とする人なら、参加者に少しでも気持ちよく過ごしてもらうために、講師は講師自身の休憩時間の過ごし方にも気をつけてください。

セミナーの休憩時間は参加者のためのものであって、講師が休憩するための時間ではありません。もちろんトイレに行くのはＯＫですが、それ以外の時間はなるべく参加者に話しかけるなどして、距離を近くしましょう。

NGな過ごし方の代表例は、スマートフォンをいじることです。

これは最近よく聞く「会議中にスマートフォンを見るのはＮＧか」に通じるものがあり

ます。本人はビジネスメールの返信や、会議に関係する情報収集を行なっていても、どうしても「私用」感の印象を与えます。

同様に、講師が休憩中にスマホをいじる姿は、参加者から見ると印象が良くありません。休憩後に使用するスライドの確認をしたりするなど、パソコンを見るのも、必要最低限にした方がいいです。

仕事ができる人ほど、隙間時間を大切にして、メールの返信をする方も多いでしょう。ですが、講師ビジネスを本業とする人、目指す人には特に意識してほしいポイントです。**「講師業は究極のサービス業」**であることを、常に意識しましょう。

講師の力量が問われる「質疑応答」（質疑応答・当日編）

第2章で、まだ慣れないうちは、質疑応答の時間は事前に取ったアンケートに回答する方法を紹介しました。

ですが、どんな質問が出てくるかわからない質疑応答に、その場で答えることは講師力を高めます。

ある程度セミナーになれたら、ぜひチャレンジしてみてください。

質疑応答では、すぐに答えられない場合や知らない内容のときは、決して適当な回答をしてはいけません。

「確認ができないので、念のため後で調べて回答しますね」と回答を持ち帰り、あとで個別にメールします。預かった質問は、できればその日中、遅くとも翌日までに回答します。

ときには質問内容が複雑だったり、背景が込み入っていたりすることもよくあります。**質問内容や求められている回答の方向性がわかりづらいときには、「○○について聞きたい、ということでいいですか?」と確認**します。

意味を取り違えたまま筋違いの回答をしないように、わからないときは2回でも3回でも聞き直します。

確認の意味を込めて、質問をオウム返しすることもあります。

質問者の声が小さいときには、「いま、○○という質問がありましたが」と全員に聞こえるように話した後で回答します。

ときには、質問の意味がわかっても回答が難しいケースももちろんあります。

そんなときには、ほかの参加者に「どうですか？」と話を振ってみるのも一つです。
・ほかの人がどうしているのか聞かれたとき
・最新事例について質問を受けたとき
・明確な答えが一つでないとき
などの質問を受けたときは、**私が回答した後でもほかの参加者に話を振ることもあります**。より回答に厚みが出ますし、私自身も勉強になります。

質疑応答の時間を設けていても、逆に質問が出ないときもあります。そんなときには、こちらから指名して、「何かありませんか？」と聞くこともあります。

どんな質問がきても、適当な受け答えは絶対にしてはいけません。誠実に回答してください。適当な受け答えをしたときには、必ず参加者に伝わります。

ただし、質問内容があまりにも個人的すぎる内容の場合や、一人の質問者とのやり取りが長くなってしまう場合などは、後で個別に対応しましょう。

「アンケート」は必ず書いてもらう

講師の仕事を評価するのは、参加者です。

講師が自分では完璧にうまく話せたと思ったときでも、セミナー終了後のアンケートでは、思いのほか厳しい声を頂くことがあります。

「もっと〇〇についても聞きたかったのに」「同じことの繰り返しが気になる。もっといろいろ学びたかった」「どこがポイントかわかりづらかった」などなど。

参加者の正直な声を聞くためにも、アンケートで感想を聞くことはとても大切です。

そこで、ネガティブな感想があれば、次のセミナーまでに修正しましょう。

どんなビジネスでも、成功させるにはＰＤＣＡサイクルを回すことが大切です。Ｐｌａｎ（計画）→Ｄｏ（実行）→Ｃｈｅｃｋ（評価）→Ａｃｔｉｏｎ（改善）を繰り返すのです。

セミナー講師のＰＤＣＡは、

・Ｐｌａｎ（計画）：シナリオを作る
・Ｄｏ（実行）：セミナー実施
・Ｃｈｅｃｋ（評価）：アンケートを取る
・Ａｃｔｉｏｎ（改善）：次回までに修正

このPDCAを回していくことで、だんだん良いセミナーになっていきます。

悪い点を指摘された場合は、真摯に受け止め、シナリオに修正ができる箇所がないか考えましょう。

なかには、講座の運営方法や会議室の場所についてなど、シナリオの本論とは関係ないことを指摘されることもあります。それも貴重な意見として、反映できることは反映していきましょう。

想定ターゲットとは違う属性の人が参加すると、どうしても満足度は低くなりがちですので、その時は、タイトルや告知方法に修正すべき点があるかもしれません。

アンケートに厳しい感想がなかったからと、安心してはいけません。

人は自分が興味を持ち、自腹を切って参加したセミナーでは、よほど内容がひどくない限り「悪かった点」よりも「良い点」をアンケートに書いてくれます。

5段階評価で平均4・2点が合格ラインだと思ってください。企業研修をメインで行なう講師の世界だと、この点を下回ると次回以降声がかからなくなる、とも言われています。

私は、シビアかつ客観的な評価を受けたいときには、ベテランの講師仲間に無料、または格安でセミナーに参加してもらい、フィードバックをもらうようにしています。

セミナーの手伝いがてらに聞いてもらうこともあれば、一参加者として聞いてもらうこともあります。

プロの講師でも仲がいい人はいい点しか言ってくれないこともあるので、**必ず「悪い点、修正したほうがいい点」をセットで聞きます**。

始めたばかりのころは、いきなりプロ講師のフィードバックを受けることは難しいかもしれません。

まずは参加者からのフィードバックに真摯に向き合うことから始めましょう。

最近では、終了後にWEBアンケートを記載してもらうケースも増えています。

「アンケート回収者には、本日使用したスライドをPDFでお送りします」などの特典を付けている講師もいます。

アンケートの回収率が高まりますし、アンケートもスライドも紙で配布するより印刷代を浮かせることができます。

参加者からも資料はデータのほうが保存もしやすく、必要なときにいつでも印刷ができると好評です。

アンケート用紙の例

【○○セミナー】ご参加の皆様へ

この度は、【○○セミナー】にご参加いただき、誠にありがとうございました。本セミナーへのご感想やご意見をお伺いいたしたく、アンケートにご協力をお願いいたします。

【ご記入欄】

1. 今回のセミナー内容について、あてはまるものを丸で囲んで下さい

・非常に良かった　・良かった　・普通　・あまり良くなかった　・良くなかった

2. セミナーへのご感想・ご意見

3. セミナーへの要望（「もっとこんな話が聞きたかった」「○○がわかりにくかった」など）

4. 本日学んだ中で、実践しようと思っていること

5. セミナーに申し込んだきっかけ

6. 本アンケートを「チラシ」「HP」等に資料として利用してもよろしいでしょうか？

（該当項目に○してください）

使用可　　イニシャル・ニックネームなら使用可　　使用不可

※以下、お差し支えなければご記入ください。

【お名前(ニックネーム可)】 ＿＿＿＿＿＿＿＿　**【ご職業】** ＿＿＿＿＿＿＿＿

【性別】男性・女性　【年齢】〜19歳・20代・30代・40代・50代・60代〜

ご意見・ご感想およびアンケートへのご回答は、今後のよりよいセミナー作りの参考にさせていただきます。ご協力、誠にありがとうございました。

また、**アンケートを書いてもらうときには、回答内容をSNSやホームページなどに転載してもよいか忘れずに確認**します。

アンケート用紙の最後に「以下、公開可能なものに丸を付けてください。アンケート回答内容、匿名希望・イニシャル・実名、年齢（年代）、性別、職業」のように確認を付け加えておきましょう。

セミナー終了時刻はオーバーしない

セミナーの終了時間は、オーバーしないように気をつけましょう。

講師の中には、良かれと思ってか終了時間を延長する人がいます。「時間が来たので、次の予定がある人は会場を出てもいいですよ」と断りを入れる講師もいるものの、次の予定がある人や、電車などの都合で先に帰らなければいけない人は、どうしても不公平に感じます。

私は、セミナーは必ず定刻通りにきっちり終わらせるように意識しています。そう意識するようになったのは、「呼ばれる講師」になってからです。

特に主催者が企業の場合、セミナーが少しでも時間をオーバーすると大問題になることがあります。

会社の命令で私のセミナーを受けている場合だと、その間も参加者には給料が発生しています。セミナーが延長すると、その分だけ参加者は「残業」することになるのです。「そのお金は誰が払うのか?」と問題になりかねません。

ゲスト講師がだらだらとセミナーを長引かせる。すると、主催者はセミナールームの片づけや鍵の返却が間に合わなくなってしまい、会場の延長料金が発生してしまうこともあります。

将来、「呼ばれる講師」を目指す人は、セミナーはきっちり時間通りに終わらせる癖を付けましょう。

私は、「時間内にすべてを終わらせる」を信条としているので、アンケートはセミナー終了時の最後の5分に書いてもらっています。

セミナーの進行が押してしまったときは、アンケートは後日メールでも頂けるようにしています。最後の5分をバッファとしておくことで、心に余裕ができます。

第6章

アウェーで戦える講師になれ！

「呼ばれる講師」を目指す

主催者に「呼ばれる講師」

企画・集客・運営をすべて一人で行なう自主開催のセミナーだけでは、開催できる回数に、すぐに限界が来ます。

セミナー講師の仕事を増やしたいなら、「呼ばれる講師」を目指しましょう。

呼ばれる講師になれば、企画・集客・運営まで、すべて主催者がやってくれて、講師は当日しゃべりに行くだけです。

慣れてしまえば、これほど楽なことはありません。

現在、私は自主開催のセミナーは全体のうち2割程度です。あとは、すべて「呼ばれる講師」の仕事です。

ただし、講師としての実績が少ないうちは、そうそう呼ばれることはありません。「セミナーを○回実施していれば、呼ばれるようになる」といった目安があるわけでもありません。

それでも自主開催セミナーで参加者の評判がよければ、回数を重ねるうちに、ある日、必ず声はかかります。

しかしながら、**呼ばれる講師には、自主開催とは違う大変さや注意点があります。**

せっかくなら、講師経験が浅いうちから、この注意点を意識しておいたほうが、余計な回り道をしなくて済みます。

呼ばれる講師への道のりは、そのまま講師力を高めていく方法と同じなのです。

呼ばれる講師の注意点

自主開催のセミナーは、スポーツに例えるなら「ホーム」です。

講師本人やセミナーのテーマに興味を持つ人が集まり、会場も自分で決められます。
しかし、呼ばれる講師は、常に「アウェー」です。

知らない土地、慣れていない会場、初めて会う主催者。私のような知名度のない講師の場合、参加者は講師のことをまったく知らないことがほとんどです。研修型にしろ、講演型にしろ、参加者が聞く姿勢になっていないことは多々あります。

アウェーで戦うには、まず**主催者の開催意図をしっかり確認する**ことがとても大切です。
主催者は参加者に対してどんなことを話してほしいのか、想定される参加者は、どのような仕事・年代なのか。主催者の要望は、できるだけ細かく確認します。
主催者の意図や要望は、こちらから聞かない限り詳しく教えてくれないことも、よくあります。

セミナー開催に慣れていない担当者の場合は、「ゲスト講師に、事前に何を伝えておけばよいのか」を、そもそも知らないのです。

私も呼ばれ慣れていないうちは、「主催者から何も言われていないから、こちらのやりたいようにやって大丈夫だろう」と、シナリオを組んで大失敗したことが何度かあります。

たとえば、企業主催の研修で、主催者は講師が一方的に教える講演型セミナーを希望していたのに、私は、「研修＝ワークを導入する」と思いこみ、ワークの時間を長めにとってしまったことがあります。

厳しく指導するスタイルを希望されていたのに、和やかな雰囲気で和気あいあいとやってしまった、という失敗もあります。

「そんなことは事前に聞いていない」という言い訳は、プロの世界では通用しません。

普段あなたが開催しているセミナーの雰囲気やゴールも、聞かれなければこちらから共有しておきましょう。

気になることは、**事前に必ず確認する癖をつけて**ください。

呼ばれる講師に必要なのは「柔軟さ」

呼ばれる講師に、絶対必要な能力。それは、**「柔軟さ」**です。

実際に会場に行ったとき、参加者の属性（年齢や職業、職種、性別など）が主催者から事前に聞いていたのと、全然違うことがよくあります。

年齢は40代前後と聞いていたのに、60代以上の人ばかり、女性が多いと聞いていたのに男性ばかり、参加者は30人と聞いていたのに100人近くいるなど、実にさまざまなケースがあります。

つまり、第1章で考えた「ターゲット属性」が、事前に想定するものと違うことがよく起こり得るのです。**呼ばれる講師には、当日の参加者の属性・人数・雰囲気に応じて、臨機応変にネタを組み替える柔軟さが必要**なのです。

柔軟さを高めるには、やはりある程度の訓練が必要です。

少しずつでも構わないので、ターゲット属性の年齢や仕事内容などを広げていきましょう。できる領域を増やしていくのです。

自主開催ならタイトルや告知方法で、「今日はこんな属性の人たちをターゲットに話をする」と、ある程度事前に伝えることが可能です。

その中で、多様なターゲット属性のニーズに応えられる訓練を積んでおくのです。

事前のシナリオ作りで、普段から年齢や性別、職種ごとに使える**「たとえ話」「具体例」などの引き出しを、少しずつ増やしていく**ようなイメージです。

普段から、あらゆる属性をイメージしながらシナリオを作ると、柔軟さが早く身につきます。

質疑応答をフリースタイルにするのも、よい訓練になります。

いつまでも同じテーマ、同じ属性の人に向けたセミナーだけでは講師としての成長が止まります。

少しずつでもテーマの幅、ターゲット属性の幅を広げたり、深めたりするなど、「できること」を日々増やすように意識しましょう。

エージェント会社に登録する

仕事の幅やチャンスを広げていきたいなら、講師エージェント会社（セミナーエージェントという場合もあります）や研修会社に登録してみましょう。

講師エージェントとは、講師と講師を探している企業などをマッチングしてくれる会社です。2時間程度のセミナーや講演を依頼されることが多いです。

講師エージェントの場合は、プロフィールや、これまでの実績を登録するだけでＯＫなところもあります。

簡単に登録ができる反面、あなたに知名度や講師としての実績が少ないうちは、あまり声がかかることは少ないかもしれません。

研修会社とは、企業などから新入社員研修や営業研修、リーダーシップ研修などを請け負い、講師を派遣する会社です。年間契約などの長期契約もあります。

研修会社の登録は、書類審査や筆記・実技試験があるところがほとんどです。**審査を通過した人のみ**が登録できます。

有名企業に勤めていた人や、ビジネスの世界で何かしらの実績がある人は、講師経験が少なくても仕事が来る可能性があります。

企業研修は、「呼ばれる講師」の中でも、特に主催者の意図をしっかり確認する必要があります。セミナーのスタイルに細かい要望があるケースも多々あります。

自由なスタイルでやりたい講師の中には、その制約をもどかしく感じる人がいるかもしれません。

それでも、**研修講師の仕事は、プロの講師から指摘を受け、講師力を磨く場**でもあります。

私が、講師力を一定水準まで上げることができたのは、研修会社を通じた仕事をたくさん受けたおかげです。

人材育成や営業ノウハウなど、ビジネス系のセミナーを開催する人には、研修講師の仕事はおすすめです。

研修会社だけでなく、コンサルティング会社でもよく研修講師の募集をしています。法人向けのコンサルティング契約では、リーダー研修などの人材教育がセットになっていることが多いからです。

登録のシステムは、研修会社とほぼ同様の流れが多いようです。

大手のコンサルティング会社と、講師としての実績が少ないうちは、それほど仕事が回ってこないのも研修会社と同様です。

私は運よく、独立当初に小さなコンサルティング会社の社長とたまたま懇意になり、その会社からよく仕事を受けました。そこで、呼ばれる講師としての実績を積むことができたのです。のちに、それが大きな糧となりました。

新人研修やリーダーシップ研修のようなビジネス系だけではなく、ヘルスケア、メンタルヘルスケア、スポーツインストラクターなどの健康系のほか、カルチャー系など、実にさまざまなジャンルで、良い講師は求められています。

地元のカルチャーセンターなどで、講師を募集していることもありますので、チェックしてみてください。

一度、あなたのテーマと「講師募集」などのキーワードで検索をかけてみましょう。講師を募集しているさまざまな会社が、出てきますよ。

いつも呼ばれる「勝ち組講師」

ある大手の講師エージェントの人から、こんな話を聞いたことがあります。

そのエージェントに登録している講師は、約7000人。

そのうち、年に1回依頼があった人が、約1000人。

2回以上依頼があった人が、さらに半分の約500人。

3回以上依頼があった人は、全体の3％、約200人。**何度もリピート依頼がある人気講師は、わずか50人**ほどだそうです。

あくまでも私の試算ですが、この上位に入る人で、講師業の収入が年間1千万円を下回る人はいないはずです（私もかろうじて、この上位の仲間入りをすることができています）。

企業や団体などの法人が主催者となる場合、講師を探すときには、「どこに呼ばれた実績を持つか」を重視します。

なぜなら、「この講師は、○○でセミナー／研修／講演をしている実績がある」というほうが、講師をセレクトする担当者が、上司に話を通しやすいのです。

「○○」に多数の有名企業や商工会議所などの名前があれば、さらに呼びやすい。

呼ばれる講師は、どんどん呼ばれる講師になり、声がかからない講師には、まったく声がかからない。そんな仕組みが生まれやすいのです。

「我流の講師」は必ず消える

講師業界は、狭い業界です。

良いうわさも悪いうわさもすぐに広まります。

私が講師業を始めて7年。この間に、講師を志し消えていった人をたくさん見てきました。

せっかく呼ばれる講師として一歩を踏み出せても、評判が良くなければ次はありません。

特に、研修会社やコンサルティング会社から声がかかっても、評判が悪ければ当面の間、2度目のチャンスが回ってくることはありません。

では、人気講師は、初めからずっと人気講師だったのでしょうか。

もちろん、そんなことはありません。

どんなに話が上手な人でも、1回目から完璧なセミナーを開催することは不可能です。

ちなみに私は、これまで「完璧なセミナーができた」と思ったことは一度もありません。

開催するたびに、参加者の反応を見ながら、少しずつ内容を修正しています。参加者からフィードバックをもらい、何度も何度も改良を重ねています。

ベテラン講師であっても、初めて開催するテーマのときには、受講料を通常より安く設定し、参加者の反応をテストする人もいます。

そういった独自の改良・工夫を重ねることで、参加者の満足度が高い人気セミナーを育てているのです。

一方の、消えていく講師はどうでしょう。

さまざまな原因がありますが、私は常々「我流の講師は必ず消える」と言っています。アンケートを取りPDCAを回していく大切さは、先に述べた通りです。

しかし、**「我流の講師」は、このPDCAを回さない**のです。

一度自分が「これでよい」と思った方法に固執・執着し、参加者の意見を「自分とは価値観が違う」と尊重しようとしません。

そもそも自主開催だと、比較的良いことを書いてくれる参加者が多いので、「自分はうまい」と勘違いして、そこで成長が止まる人もたくさんいます。

人気講師は、常に「シナリオを改善できるところはないか」「もっと話を面白くできることはないか」と考えています。

ＰＤＣＡを回さない講師が、生き残れるような甘い世界ではありません。

良質で大量のインプットが必要

セミナー講師は仕入れがいらない、誰でも気軽に始められる簡単な商売だ、という人がいます。

ある意味それは正しいのかもしれません。誰でも、簡単に始めることはできるのです。ですが、**人気講師となり、それなりの収入を得るには大変な努力と労力が必要**です。

同じテーマ、同じシナリオでは、人は短期間のうちにリピートしてくれません。

仕入れがいらないどころか、**常に良質で大量の情報のインプットが必要**です。

良質なインプットなくして、良質なアウトプットはありえません。

講師が、何カ月も何年も蓄積してきた情報をぎゅっと凝縮して提供するからこそ、セミナーには価値があるのです。

一度、完成させたシナリオも、そのままではネタは古くなります。ＳＮＳやテクノロジー関連など、テーマによっては数カ月で使い物にならなくなるものもあります。

私は、いまでも年間３００冊は本を読みます。

本はオンラインショップではなく、できるだけリアル店舗に足を運びます。

「はずれの本」を極力減らしたいので、中身をざっと確認して購入したいからです。

書店で平積みされている本のタイトルや雑誌の特集タイトルをチェックすると、いま世の中で求められているネタの傾向もつかめます。

ほかにも新聞、テレビ、インターネット、ＳＮＳ、有料メルマガ、喫茶店やカフェで聞こえてくる誰かの会話など、参考にしている情報源はたくさんあります。

他人のセミナーや講演も、よく聞きに行きます。

研修講師の仕事では、なかなかほかの講師の仕事ぶりを見ることができないので、懇意にしている研修エージェントに頼み、**ほかの講師の研修を見学させてもらう**こともあります。

自分のセミナーには、まだまだ改善する余地がある。まだまだ勉強が足りない。

周囲を見渡しても人気講師ほど、そのような思考回路で大量のインプットを続けています。

シナリオは年に一度、大きく見直す

シナリオは、講師の命です。

いつも同じテーマ、同じシナリオのままではいけません。

SNSやデジタル系を扱うような〝鮮度〟がすぐに古くなるネタ以外でも、随時、シナリオの見直しは必要です。

私は、読書セミナーや営業研修など、〝鮮度〟が落ちにくいセミナーでも、必ず年に1度はシナリオを大きく組み立て直します。

シナリオが変わらないということは、講師が勉強していないということです。

いつまでもアップデートされない古いネタを話すような講師では、人気講師には絶対になれません。

私は同じテーマのセミナーでも、リピート参加する人が満足するような内容を目指しています。

ベテラン講師は、扱える領域を掘り下げたり、もしくはまったく違うテーマにチャレンジしたり、縦なり横なりにできるテーマを増やしています。

どちらかといえば、一つのテーマを徹底的に掘り下げる講師のほうが、多いように感じています。

私の場合は、完全に「横に広げていく」タイプです。

「大岩さんの専門は何ですか？」と聞かれると、つい答えに詰まってしまうほど、多彩なジャンルのテーマを開催してきました。

どんなテーマが人気になるかはわからないものです。昔、自分の勉強のために習っていたマインドマップの講座が最近では人気です。マインドマップ講座が好評で、それをきっかけにまた別のセミナーに呼んでもらえることもあります。

「扱うテーマを広げすぎだ」と言われたこともありますが、「参加者のためになる」ことから離れなければ、領域を縦に広げていくのも横に広げていくのも、どちらでも構わないと思います。

大切なことは、**できることを「増やしていく」**ことです。

そのためにも、シナリオは定期的に見直していきましょう。

アイデアは浮かんだ瞬間にメモに取る

常に情報をインプットしたり、テーマについて考えたりしていると、ふと気が緩んだ瞬間に、よくアイデアが浮かびます。

ずっと集中して考えているよりも、散歩しているときや、風呂に入っているとき、電車に乗っているとき、寝るときなどに、アイデアがよく浮かびます。

このとき手元にメモ帳がなく「後でメモを取ろう」と思っても、一瞬で消えてしまいます。アイデアとは、いつも一期一会。**思いついたことは、必ずその場でメモに取る**ようにしています。

以前は、外出先でもカバンからペンとノートを取り出してメモしていましたが、最近では胸ポケットに入れているスマートフォンに打ち込みます。

周囲に人がいないときは、音声入力機能も便利です。

自宅では、風呂でシャワーを浴びているときに、よくアイデアが浮かぶので、脱衣場にメモが置いてあります。

ほかにも、枕元、リビングのソファーやキッチンのテーブルなど、いたるところにメモを置いています。

メモは2、3日に一度、まとめてパソコンでエクセルに入力。実行できたことは、チェックをつけ、実現・活用できたことと、それ以外の項目をわかるようにしています。

入力するタイミングで、数日分をざっと見直すだけでなく、ゴールデンウィークや年末年始など、年に数回スケジュールに余力があるときには、過去数年分を見直しています。

忘れかけていたアイデアや、やりたいと思ったことで未実現のことが俯瞰できると同時に、**「これだけのことを実現・実行できている」と達成感も味わえます。**

この「メモを取る」「メモをエクセルに入力する」習慣は、独立する3年前から始めた習慣です。

すぐに浮かんだアイデアを逃さないことも大切ですが、この習慣のおかげで「やりたい」と思ったことが、ほぼすべて実現できているのも、大きなメリットです。

セミナー講師は風邪をひかない

講師が絶対にやってはいけないこと。

それは、セミナーに穴を空けることです。

風邪やインフルエンザで体調を崩しても、「申し訳ございません。本日お休みさせてください」と言える世界ではありません。あなたの「代わり」はいないのです。

一度でも、体調不良でセミナーに穴をあけることになれば、同じ主催者・講師エージェント・研修会社からは、二度と声はかからないでしょう。

当日の、遅刻・欠席が厳禁だとお伝えしたのもそのためです。

私はこの7年間、1日も穴を空けたことはありません。体調管理に気を遣うようになってからは、いつのまにか風邪も引かないようになりました。

体調管理には、普段からの心がけが大切です。

いつもと違う生活リズムになると、体調を崩しやすくなります。 夜型の生活を急に朝型に変えたり、激しい運動をしたりすると、体調を崩しやすくなってしまいます。

睡眠、食事時間などの生活習慣が、できるだけ狂わないように気をつけています。

普段から、せっけんを使った手洗い、うがいは念入りにしています。外出先でも、トイレに入って、1日数回は手洗い、うがいをします。

夏場は、寝るときにエアコンの風が身体に直接当たらないように気をつけます。外出先では冷房が効きすぎているときのために、羽織るものを持ち歩きます。

汗をかいたらすぐにタオルで拭く、水分をこまめに取る、冷たいものを取りすぎない、なども気をつけています。

冬場は湿度が下がるので、私の自宅兼事務所では、加湿器を3台使っています。湿度が下がると、のどを痛めやすくなり、そこから風邪やインフルエンザにかかりやすくなってしまいます。

出張先のホテルでは、濡らしたバスタオルを干して湿度を保ちます。ソファーでついうっかり寝てしまうと風邪をひきやすいので、必ず寝室で寝ます。

メンタルのストレスも、抱えているとよくありません。

すぐに解決はできないことでも、人に話を聞いてもらうようにするなど、一人で抱え込みすぎないようにしています。

メンタルストレスは、誰かに相談するだけでも、心が軽くなります。


体重も急激に増えたり減ったりしないように、気をつけています。

スポーツジムに通ったりはしていませんが、**自宅から駅まで自転車で20分**なので、それがよい運動になります。往復40分。しっかりこぐと筋肉痛になる距離です。

またパワースポットや神社巡りが好きなので、よく歩いています。

私は、それほど運動する方ではありませんが、**ベテラン講師ほど、何かしら運動習慣を取り入れている**人が多いです。

中には、出張先にもランニングシューズとウェアを持参し、1日1回のランニングを欠かさない人もいます。


それでも、どうしても体調がすぐれないときや、身体がしんどいときはあります。

セミナー当日、薬を飲んで何とか乗り切ったことも、何度かあります。そんなときには、とにかく早めに寝るようにします。

私は、普段から睡眠時間をしっかり取るほうです。どうしても仕事が詰まってくるときは、5、6時間になることもありますが、できるだけ8時間は寝るようにしています。

それでも**体調を崩してしまったときは、必ず原因を把握する**ようにしています。睡眠不足が続いていないか、運動不足に陥ってないか、食生活がおろそかになっていないか。どんなときに体調を崩しやすくなるかがわかれば、普段から気をつけることができます。

「人脈」を大事にする

セミナー講師の仕事は、いつ、誰からどんな形で依頼があるかわかりません。

私が「呼ばれる講師」の実績を積めたのは、たまたま個人コンサルティング会社を経営している社長と懇意になったことがきっかけです。

参加したセミナーの講師に声をかけてもらってコラボセミナーを開催したり、居酒屋で知り合った人が、たまたま有名企業の創業者の方で声をかけてもらったり。

「大岩さんのセミナーに参加したときにすごく面白かったので」と、数年前に一度だけセミナーを聞きに来てくれた参加者から、講演をお願いされたこともあります。

どこで、どう縁がつながっていくのかは、まったくわかりません。

それでも大切にしていることがあります。

セミナー講師に限らず、**あらゆるビジネスで「成功者」と呼ばれる人ほど、とても謙虚で物腰が柔らかい。どんな人でも対等に真摯に接しているの**です。

少し人気が出たからと、偉そうな態度を取ったり、参加者一人ひとりを大事にしなくなったりするセミナー講師はすぐに消えていく。そう、肝に命じています。

おわりに

「大岩さんも、セミナー講師やってみたらいいのに」

先輩講師に言われたこの一言が、私の人生を大きく変えました。

もともと誰かに管理されることが大嫌いで、何度も転職を繰り返していた会社員時代。営業の仕事は好きで、やりがいは感じていたものの、とにかく「会社員」という肩書が嫌で独立を目指していました。

しかし、何を掲げて独立すればよいのか、自分には何ができるのかがわからず、ずっと一歩を踏み出せずにいました。

「成功者はみな読書家」というフレーズを目にしたのはそのころです。

現状から何とか抜け出したい。何かを変えたい。

漠然とした不安と危機感を感じていた私は、とにかく現状の「何か」を変えたくて、そこからむさぼるように本を読むようになりました。

独立する1年前のことです。実はそれまで、本を読むのは大嫌いでした。雑誌は好きで、書店にはよく足を運んでいたものの、気になる本があってもパラパラと立ち読みするだけで、買わずに棚に戻していました。今思えば、ずいぶんもったいないことをしていたと思います。

たくさん本を読むようになってからは、本を読むスピードを上げたくて、速読セミナーに何度も通いました。少しでも本から学ぶことを増やしたくて、読書法に関する本もたくさん読みました。思考を整理できるというマインドマップのセミナーや、記憶術のセミナーにも通いました。

冒頭のセリフを言われたのは、1日1冊は本を読み、その中身をしっかり覚えられるようになったころです。

受講していたマインドマップセミナーの講師の方から、「大岩さんの読書ノウハウをセミナーにしてみたらいいじゃないか」と言ってもらったのです。

実のところ、さまざまなスクールやセミナーに通う中で、漠然と「講師」の仕事に対するあこがれはありました。

けれども、話し下手で特別なノウハウなど何もない自分には、ムリだと思っていたのです。

それでも、もしかしたら、自分にも講師の仕事ができるのかもしれない――

その可能性に気がついた日は、興奮してなかなか寝付けませんでした。

当時はまだ会社員。

どうすれば独立できるのか、いつまでも同じ悩みを抱え続けることに、いい加減に嫌気がさしていた私は、思い切って講師の仕事にチャレンジすることにしました。

速読や記憶術など勉強したメソッドを組み合わせ、「ゆる速　読書術」と名づけたオリジナルセミナーを週末に開催。参加費1500円で約20名が参加してくれました。

これが、私のセミナー講師としてのスタートです。

その後の講師人生が順風満帆でなかったことは、先に述べた通りです。ですが、一つだけ自分に課していたことがあります。

「セミナーは、継続して開催していこう」

継続しない限り講師力は身につかない、成長できないと考えたからです。

幸いなことに「呼ばれる講師」になるのは、ほかの方に比べると比較的スムーズでした。知り合いが働く大学から小論文講座の依頼があったり、ある企業から就職説明会のスピーカーを頼まれたり。シナリオを一字一句書かせられた1年がかりのプロジェクトに参加したのも、講師2年目のときでした。


しかし、講師としての実力が伴わないうちに呼ばれるようになったため、そこからの道のりは本当に大変でした。

自分の好きなようにしゃべっていた自主開催のセミナーとは違い、呼ばれる講師になれば、セミナーのゴールも進行方法も、主催者の要望にできるだけ応えなければいけません。まずそのことを理解するまでに、時間がかかりました。

さらに悪いことに、私は自主開催のとき参加者にもらえる高評価の声のおかげで、「自分はうまい」と勘違いしていたのです。

何度も厳しいフィードバックをしてくれるベテラン講師に対して、「なぜ、そんなにケチをつけるのか」と文句を言ったほどです。

厳しい指摘をしてくれる人の大切さ、講師としてPDCAを回していく大切さが、当時の私はわかっていなかったのです（当時、いろいろと叱ってくれたHさん、その節は本当にありがとうございました）。

自主開催のセミナーでも、だんだん集客ができなくなり、本気でセミナー講師をやめようと思ったことは何度もあります。

それでも講師を続けてこられたのは、参加者から頂く「ありがとう」の声のおかげです。セミナーを開始するときは、どんよりとした表情の人が、終了後、目をキラキラさせながら「ありがとうございました！」と言ってくださる瞬間、私はセミナー講師を続けていて本当に良かったと感じています。

普段、あまり言わないようにしていますが、実は私はいまでもセミナーを開始するときには不安でいっぱいなのです。

ちゃんと話せるか、準備に抜かりはないか。セミナー中も目の前にいる人たちに伝えられるか、誰も置いてけぼりにしていないか。何百回やっても、いまだに毎回不安で不安で仕方がありません。

そんな不安な気持ちを打ち消してくれるのが、終了後、参加者のみなさんから頂く「ありがとう」の言葉なのです。


「ありがとうございました！　帰ってから早速やってみます！」

「ずっとモヤモ考えていたことに答えが出せました！　ありがとうございます！」

「これで一歩が踏み出せます！　ありがとうございます！」


こんな言葉が、いつも私を支えてくれています。

心の中が、とてもあたたかくなる。本当にありがたいです。

とはいえ、いつも不安だからこそ、毎回シナリオを見直し、改善ポイントを探し続けて、ここまで来ることができたのだと思います。

これからも、いつも不安を抱えながらセミナーを開催していこうと思います。


この本は、セミナー講師の基礎力を身につけ高めていくための本です。

「守・破・離」でいえば、「守」の本です。

でも、本当のことを言うと、セミナーはもっともっと自由でいい。

私が、セミナー講師の仕事を心から楽しめるようになってきたのは、講師4年目、事前のシナリオをがっちりとは作らなくなってからです。

参加者との対話、アドリブを楽しめるようになってから、セミナーが楽しめるようになってきたのです。「守・破・離」の「破」の世界に入ったのです。

いまは、独自に誰も試していないことを取り入れながら、私なりの「離」を模索している段階です。

「守」、つまり基礎力を身につけるには、地道な鍛錬が必要です。

ですが、その努力は絶対にあなたを裏切りません。基礎力をしっかり高めた後に、あなたならではのやり方を見つけていってみてください。

さて、この本を読んでくださったあなたに、お願いがあります。

本書の中に気になったことがあれば、必ず行動に移してほしいのです。たった一つでも構いません。

本を閉じる前に「これをやる」と決めてから読み終えてください。

初めてのセミナーを開催したい人なら、ぜひセミナー会場を予約してください。

そこからすべてが始まります。

すでに講師をされている人も、何か一つ、やることを決めてください。

アンケートを新しくすることでも、新たなテーマを考えることでも何でも構いません。

今のあなたに、いちばん必要なことは何かを考えて、実行に移してみてください。

本を読み終えても、行動に移さなければ何も変わりません。

ぜひ、やってみてください。


最後になりましたが、この場を借りてお世話になった方々に心からお礼を申し上げます。

この本を企画から導いて形にしてくれた、実務教育出版の岡本眞志さん、ライターの玉寄麻衣さん。私にセミナー講師の魅力を教えてくださった講師の先輩方、講師スキルを指導してくださる先生方。いつも一緒にセミナーを開催している講師仲間の方々。研修会社や講演エージェントのみなさま。「ありがとう」と言ってくれる参加者のみなさま。

そして、いつも支えてくれる家族。

全員に感謝の言葉を伝えたいと思います。


本当に、ありがとうございました。

大岩俊之

参考文献

立石剛『セミナー講師の教科書』かんき出版
大谷由里子『はじめて講師を頼まれたら読む本』KADOKAWA
大谷由里子『講師を頼まれたら読む「台本づくり」の本』KADOKAWA
大谷由里子『あなたも人気講師になれる本』学研パブリッシング
東川仁『90日で商工会議所からよばれる講師になる方法』同文舘出版
前川あゆ『売れるセミナー講師になる法』同文舘出版
濱田秀彦『じつは稼げる〈プロ講師〉という働き方』CCCメディアハウス
箱田忠昭『稼げるセミナー講師になるプロの技術』日本実業出版社
鴨頭嘉人『今まで誰も教えてくれなかった人前で話す極意』サンクチュアリ出版
大串亜由美『研修女王の最強3分スピーチ』ダイヤモンド社
石田淳『教える技術』かんき出版
石田章洋『一瞬で心をつかむ文章術』明日香出版社
池田義博『脳にまかせる勉強法』ダイヤモンド社
矢沢大輔『稼げる記憶術』明日香出版社
前田鎌利『社内プレゼンの資料作成術』ダイヤモンド社
西脇資哲『プレゼンは「目線」で決まる』ダイヤモンド社
真田茂人『研修講師養成講座』中央経済社
堀公俊、加留部貴行『教育研修ファシリテーター』日本経済新聞出版社

永谷研一『絶対に行動定着させる技術』ProFuture
中村文子、ボブ・パイク『講師・インストラクターハンドブック』日本能率協会マネジメントセンター
森時彦、ファシリテーターの道具研究会『ファシリテーターの道具箱』ダイヤモンド社
青木将幸『アイスブレイク ベスト50』ほんの森出版
ブライアン・コール・ミラー（富樫奈美子訳）『15分でチームワークを高めるゲーム39』ディスカヴァー・トゥエンティワン
坂本翔『Facebookを「最強の営業ツール」に変える本』技術評論社
武藤正隆『儲かるブログの書き方講座』ソーテック社
菅家伸（かん吉）『ゼロから学べるブログ運営×集客×マネタイズ 人気ブロガー養成講座』ソーテック社
望月高清『見込み客リスト（メールアドレス）の集め方・使い方』ソシム
中村博『メルマガのあたらしい稼ぎ方』技術評論社

●著者紹介

大岩俊之（おおいわ・としゆき）

ロールジョブ代表。セミナー研修講師。1971年生まれ。大学卒業後、電子部品メーカー、半導体商社など4社で、法人営業を経験。いずれの会社でも、必ず前年比150%以上の営業数字を達成。200人中1位の売上実績を持つ。独立起業を目指すなか、「成功者はみな読書家」というフレーズを見つけ、年間300冊以上の本を読むようになる。独立起業後、読書法やマインドマップ、記憶術などの能力開発セミナー講師をしながら、営業やコミュニケーション、コーチングなどの研修講師として5000人以上に指導してきた実績を持つ。読書することで知識と経験を増やして教養に変え、その結果、「呼ばれる講師」として年間150日以上登壇する講師として活躍している。講演、研修とは別に、講師になりたい人を育てる「セミナー講師養成講座」を主催し、100人以上の講師を輩出している。著書に、『読書が「知識」と「行動」に変わる本』『読んだ分だけ身につく　マインドマップ読書術』（明日香出版社）、『ビジネス本1000冊分の成功法則』（PHP研究所）、『年収を上げる読書術』（大和書房）、『格差社会を生き延びる"読書"という最強の武器』（アルファポリス）などがある。

ThinkBuzan公認マインドマップインストラクター
個性心理学認定講師
アクティブブレイン協会認定講師
GCS認定プロフェッショナルコーチ
キャリアコンサルタント

著者サイト　http://ooiwatoshiyuki.com/
著者ブログ　https://lineblog.me/kadenbook/
著者メルマガ　https://1lejend.com/stepmail/kd.php?no=UHSqawm

1年目《ねんめ》からうまくいく!
セミナー講師《こうし》 超入門《ちょうにゅうもん》

2017年9月10日　初版第1刷発行

著　者　大岩俊之《おおいわとしゆき》
発行人　小山隆之
発行所　株式会社実務教育出版
〒163-8671　東京都新宿区新宿1-1-12
電話　03-3355-1812（編集）
03-3355-1951（販売）
振替　00160-0-78270
印　刷　シナノ印刷株式会社
製　本　東京美術紙工協業組合

ISBN978-4-7889-1340-0　C0030
定価はカバーに表示してあります。
乱丁・落丁本は本社にておとりかえいたします。